www.florenceservanschreiber.com

Des programmes pour se former
à la psychologie positive sur
www.3kifsacademie.com

© Marabout (Hachette Livre), 2011.

FLORENCE SERVAN-SCHREIBER

3 kifs par jour

ET AUTRES RITUELS
RECOMMANDÉS PAR LA SCIENCE
POUR CULTIVER LE BONHEUR

MARABOUT

Kif [kif]. **n. m.** Instant, situation, interaction, événement, perception ou émotion provoquant une sensation d'agrément, d'aise, d'amour, d'amusement, de bien-être, de bienfait, de chance, de création, de bonheur, de conscience, de complicité, de charme, de contentement, de délectation, de gourmandise, de distraction, de sens, de connexion, d'euphorie, d'expression, de fantaisie, de félicité, de grâce, de gaîté, de joie, de jouissance, de récréation, de satisfaction ou de volupté pour lequel on éprouve de la gratitude.

DU MÊME ÉDITEUR

Avant, je n'étais que moi, Poche, 2016.

La fabrique à kifs, Poche, 2019.

Power Patate, Poche, 2019.

*À David,
avec lequel je joue si bien à la vie.*

Le cours a commencé
il y a 30 minutes

J'ai toujours eu envie de gagner au loto. D'abord, pour la surprise de tirer le bon numéro. Suivie de la possibilité de goûter à toutes les libertés : je pars observer de gros animaux en Afrique, j'arrose mon entourage de sommes obscènes et libératrices, je vois mes enfants dans des universités lointaines et des chaussures de couleur dans mon placard.

Le loto, dans mon imaginaire, c'est ma nouvelle vie. Celle qui commence demain. Le tour de clé magique. L'autorisation d'être comme je suis, qui je suis, au contact de qui je veux. J'aurais le droit de jouer, je me sentirais légère et tellement libre.

Le cours de psychologie positive a commencé depuis trente minutes. Je pense au loto parce que nous sommes là pour parler du bonheur et que je suspecte que l'on va rapidement évoquer la liste de nos fantasmes de plus et de mieux.

Mais avec la première question posée au travers de mon écran, le professeur vise ailleurs : « Quelles limitations vous empêchent de réaliser votre potentiel ? Desquelles souhaitez-vous vous débarrasser ? »

J'entrevois qu'à ce tirage-là un safari et quelques cintres supplémentaires ne participent pas à la réponse. Les élèves du cours dénudent leur premier orteil pour tâter la température d'une eau positive. Ici, Mesdames et Messieurs, c'est ce qui existe en vous qui vous sera utile. Pas de Française des jeux à l'horizon. Du moins pas encore.

« Je m'occupe de l'information, dit-il, et vous de la transformation. » C'est parti.

J'ai participé au « cours de bonheur » créé à Harvard par Tal Ben-Shahar. Docteur en psychologie et en philosophie, il enseigne la psychologie positive à plus de 2 800 personnes chaque année et 99 % des étudiants qui participent à son cours le recommandent aux suivants. Il propose désormais ce programme dans d'autres universités américaines et israéliennes. Ayant passé l'âge de disposer de trois mois enfermée dans un amphithéâtre, je me suis inscrite à sa première édition virtuelle.

Tal Ben-Shahar a filmé ses interventions, les documents sont téléchargeables, les devoirs se postent sur un blog, les discussions avec le prof ou entre les élèves ont lieu sur un forum ou lors de téléconférences et les corrections reviennent dans des boîtes mail. Chacun chemine derrière son écran, à son rythme et à ses horaires. Au cours de ces douze semaines, nous aurons deux échanges en temps réel, un casque sur les oreilles. Seul instant de réunion.

Nous étions deux Françaises à participer à ce cours en même temps. Habitant toutes les deux Paris, nous nous sommes rencontrées pour échanger nos impressions. Valérie éveille les comités de direction des entreprises à l'importance du bonheur au travail. Nous portons, elle et moi, le même regard bienveillant sur le pragmatisme anglo-saxon lorsqu'il s'agit d'éducation et de psychologie, choisissant même de nous y former. Et pourtant. Nous nous sommes amusées parfois du caractère cucul de certaines approches ou présentations. Notre esprit critique hexagonal a veillé pendant toute la durée du cours et de nos lectures.

L'édition expérimentale regroupe cinq cents élèves dans le monde entier : Nouvelle-Zélande, Chine, France, Qatar, Chypre, Pays-Bas, Grande-Bretagne, Allemagne, Liban, États-Unis et Australie. On y croise des parents, des consultants, des retraités, une danseuse, un psychologue militaire, deux assistantes de direction, une institutrice des Pays-Bas, une employée aux Nations unies, et moi, à l'époque responsable du développement durable dans un groupe de médias à Paris.

Je me suis embarquée dans ce programme assez légèrement, « pour voir » et satisfaire ma curiosité technochronique. De France, j'étais si loin des États-Unis et si seule devant mon ordinateur que je me sentais libre de mesurer mes efforts académiques sans sentir le souffle du prof dans ma nuque. Mais j'y ai finalement totalement plongé. Le cours était exigeant, précis, copieux, et m'a aspiré. Il a occupé mes soirées et mes vacances dans un moment par ailleurs agité de ma vie : déménagement, changements professionnels, départ de mon fils aîné de la maison.

Séduite par le bon sens et par le pragmatisme de ce voyage humaniste, je m'y suis enfoncée sans douleur. Chaque enseignement avait comme terrain d'application l'existence. J'ai vite commencé à jouer avec. Ma surexcitation m'a poussée à partager ce qui me touchait avec mon mari et mes enfants, puis avec mes amis. Certaines de ces propositions sont tombées à pic, d'autres à plat. Mais je nous ai vus profiter de bonnes doses de plaisir contagieux.

Trois mois après la fin du cours, mon emploi me quittait. Coup dur ou coup de chance ? Ma météorologue intérieure m'a proposé une bonne discussion avec moi-même : que veux-tu *vraiment vraiment* faire pendant cette interruption involontaire de service ?

Continuer à apprendre et raconter. De tout ce que je sais faire, c'est ce qui me plaît le plus.

Je suis alors remontée à la source de la psychologie positive, la science du bonheur. Ses fondateurs en ont eu l'idée en constatant qu'entre 1967 et 1998, 95 % des études scientifiques publiées en psychologie portaient sur les maladies mentales, la dépression et l'anxiété. Et seulement une sur vingt s'intéressait à la joie, au bonheur et au bien-être. Ils ont déclaré la psychologie « malade de sa propre recherche » et se sont engagés à rassembler les financements nécessaires pour développer un nouveau secteur d'expérimentation.

Le manifeste rédigé à sa naissance, en 1998, la définit comme « l'étude scientifique des forces et des qualités qui permettent aux individus et aux communautés de s'épanouir ». En deux mots, elle étudie les émotions, les traits de personnalité et les institutions QUI MARCHENT.

Depuis, les laboratoires universitaires se sont multipliés et ses chercheurs publient des ouvrages accessibles au grand public pour partager les trucs et les recettes qui sont démontrés dans leurs découvertes. Ils travaillent sur la créativité, l'estime de soi, l'altruisme, l'humour, l'amitié, la motivation, les organisations positives, l'efficacité personnelle… Parmi les pionniers de cette nouvelle forme de psychologie humaniste je me suis intéressé aux travaux de Martin Seligman, Ed Diener, Ellen Langer, Mihaly Csikszentmihalyi, Albert Bandura, Barbara Fredrikson, Robert Emmons et parmi les plus jeunes Tal Ben-Shahar, Daniel Gilbert et Sonja Lyubomirsky.

Aux États-Unis, il est facile de participer aux recherches en cours. Lorsque les universitaires ont besoin de données quantitatives, ils multiplient leurs enquêtes de personnalité par leurs sites Internet ouverts au public. En quelques clics[1], on peut évaluer son bonheur à un moment précis, comprendre ce qui nous rend optimiste ou pessimiste, définir la nature de l'attachement que l'on recherche en amour ou enregistrer dans son téléphone les instants, les situations, les vues ou les mets qui nous font du bien. Certains ont même créé des applications spéciales chargées de citations, de méditations, de textes et de propositions d'exercices qui déclenchent chez un utilisateur face à son téléphone portable les réactions observées en laboratoire.

C'est une discipline ancrée dans son époque. Elle ouvre les portes de l'université au travers d'outils virtuels afin de permettre au plus grand nombre de se l'approprier et de participer à ce qui peut lui faire du bien ou lui plaire.

---

1. http://www.authentichappiness.sas.upenn.edu/questionnaires.aspx

Lorsque j'évoque cet apprentissage autour de moi, beaucoup me disent pratiquer eux aussi la pensée positive.
- Mais à cela Seligman rétorque que la psychologie positive n'est pas la pensée positive parce que :
- Elle est basée sur des expériences scientifiques qui peuvent être reproduites.
- La pensée positive suggère une attitude positive en toutes circonstances, là où la psychologie positive considère que certaines situations requièrent d'être regardées avec réalisme ou négativité, comme un pilote de ligne confronté à une mauvaise météo.
- La plupart des chercheurs occupés par cette nouvelle discipline ont passé avant cela de nombreuses années à étudier les aspects négatifs de nos personnalités et considèrent que ce qui est positif vient compléter notre éventail de réactions sans chercher à remplacer à tout prix notre côté obscur. Cette psychologie ne périme pas sa sœur aînée, elle vient simplement l'enrichir d'un œil neuf.

Pour éprouver les bienfaits de ses découvertes, nul besoin de diagnostic, de diplôme ou de consultation spécialisée. Avoir envie de se sentir plus investi et plus heureux dans sa vie suffit comme point de départ. La psychologie positive n'a pas inventé l'épanouissement, elle l'observe simplement : pour le comprendre, s'en réjouir, l'accentuer, suggérer des pistes de vie et proposer des choix à ceux que le bien-être intéresse.

Observer le bonheur est un mécanisme bien moins complexe que construire un accélérateur de particules. C'est un domaine dans lequel nous avons tous déjà de l'expérience et des compétences.

Une étude menée en 2002 a démontré qu'une traque systématique du bonheur ne rend pas heureux. Perfectionnisme et bonheur sont logiquement incompatibles mais, comme parfaite je ne suis pas, j'ai fait confiance à mes freins intérieurs pour me rappeler à l'ordre si je devenais trop heureuse.

J'ai finalement consacré un an à l'exploration des facilitateurs de bonheur. Une fois le cours terminé, je me suis placée en orbite autour de ce noyau positif. Douze semaines d'introduction suivies de quarante autres avec des lunettes spéciales posées sur mon nez. Ce livre raconte ce qui m'a émerveillée et ce qui m'est arrivé.

1
Apprendre à jouer avec ses cartes

« *Les gens heureux sont : plus sociables et énergiques, plus charitables et coopératifs, plus appréciés par les autres, plus flexibles, ingénieux et productifs, de meilleurs leaders et négociateurs, plus résilients face aux difficultés de la vie, en meilleure santé, gagnent plus d'argent, et vivent plus longtemps.* »

Sonja Lyubomirsky

La poursuite du bonheur arrive en tête des préoccupations des Grecs, des Slovènes, des Américains, des Argentins, des Sud-Coréens, des habitants de Bahrein, etc. La France, avec ses 87 % de citoyens plutôt ou très épanouis, se trouve en onzième position mondiale des pays où il fait bon vivre. La nation est en paix et ses citoyens en sécurité. La presse est libre, nous atteindrons vraisemblablement l'âge de 75 ans, le nombre de suicides et le taux de CO_2 dans l'atmosphère restent raisonnables, les espaces verts sont favorablement répartis sur le territoire et nous avons accès à de la formation et de l'information.

Personne, même ici, ne se plaint jamais d'être trop heureux. Nous sommes naturellement enclins à vouloir nous sentir mieux. Se sentir épanoui, c'est se sentir engagé dans la vie, être actif, productif, trouver du sens à ce que l'on fait et à ce que l'on vit, avoir des relations stimulantes, s'exprimer dans son travail et ses autres activités. C'est une quête universelle et individuelle.

Fidèles à leur stratégie, les pionniers de cette science du bonheur ont choisi de se poser de nouvelles questions sur nos comportements en examinant ceux qui vont bien, ceux qui s'aiment longtemps, ceux qui se connaissent et se font connaître, ceux qui ont confiance en l'avenir, ceux qui tissent des liens durables et ceux qui se déclarent satisfaits de leur vie. Leur angle d'observation est celui du constructif, de l'évolution favorable, de l'excitation et de la satisfaction.

Car c'est le regard que l'on pose sur sa vie qui crée une vie différente. Ce qui nous ramène à la première question posée par Ben-Shahar dans son cours : « Quelles limitations vous empêchent de réaliser votre potentiel ? »

Je pense alors que mon potentiel est limité par ma difficulté à me fixer des objectifs. Je laisse souvent se produire certaines situations et, lorsque je ne peux plus faire autrement qu'intervenir, j'improvise. Étrangement, je suis rassurée de ne pas connaître ou de ne pas décider à l'avance de ce qui m'attend. Je n'ai jamais aimé faire de brouillon avant la copie finale et, à 18 heures, je n'ai pas encore planifié le menu du soir. Voici un exercice qui m'est inaccessible : ferme les yeux, imagine-toi dans cinq ans et raconte-moi ce que tu vois.
Rien.
Je pourrais aussi apprendre à mieux construire avec les autres lorsque je travaille ou quand je prends une décision qui implique d'autres personnes. J'ai tendance à choisir l'horaire du train sans organiser de sondage. Parce qu'il faut bien que quelqu'un le fasse et vite. Mais j'ai conscience que ce type de réflexe me ramène souvent au guichet pour échanger nos billets et me prive certainement de projets mieux pensés à plusieurs. Mon individualisme a ses limites.

Faut-il changer ? Peut-on changer ?

Pas si vite. Pour changer, nous avons besoin de solliciter conjointement trois de nos capacités : ressentir, agir et comprendre. Donc, si nous agissons sans comprendre ou comprenons sans ressentir, le changement ne s'opère pas. Dans ce programme, ne cherchez pas un atelier de réparation instantanée. Se transformer prend du temps, celui de créer de nouvelles habitudes car ce sont elles qui nous façonnent. Mais dans tous les cas, le premier pas vers le changement est celui de l'ouverture.

En 1973, des chercheurs ont choisi de suivre pendant vingt ans un groupe d'étudiants qui sortaient de l'université de Harvard. Ils ont tous, dans l'ensemble, connu des carrières satisfaisantes et bien gagné leur vie. Mais ceux qui se déclaraient les plus satisfaits au quotidien ne le devaient ni à leurs origines, ni à leurs résultats aux examens, ni à leur quotient intellectuel, mais à leur soif d'apprendre et à l'habitude qu'ils avaient de poser des questions sur tout. Leur ambition s'est construite sur leur curiosité et leur humilité. Celle d'admettre qu'ils ne savaient pas. Pour être heureux, soyons humble et en éveil.

Nous sommes inégaux
face au bonheur

Si je regarde autour de moi, je connais des gens plus ou moins solaires, positifs ou joyeux. Il y a ceux qui codent le monde en mauvaises nouvelles, ceux qui ne gardent que les bons souvenirs et ceux qui mélangent les deux. Ce qui distingue les bienheureux des malheureux ne se voit pas de l'extérieur. En effet, l'argent, l'aspect physique, la météo et notre lieu de vie, que nous imaginons comme déterminants pour notre bonheur, n'ont en fait que très peu à voir avec ce que nous ressentons réellement.

En 1990, des chercheurs ont étudié le développement de jumeaux âgés de 30 à 40 ans en comparant des enfants monozygotes (vrais jumeaux) séparés à la naissance et adoptés séparément. Familles, lieux de vie, éducation et entourage étaient différents et les jumeaux ne se connaissaient pas. Une approche idéale pour identifier les similarités que le hasard ne saurait expliquer. Et il y en avait de très troublantes. Certains jumeaux avaient donné le même prénom à leurs enfants, épousé des femmes portant elles aussi les mêmes prénoms, avaient contracté parfois la même maladie au même moment. Ils avaient les mêmes sources d'anxiété, partageaient dans certains cas des troubles mentaux identiques et, surtout, déclaraient des niveaux de bonheur souvent similaires.

Les résultats de cette étude ont suggéré que le bonheur est sous-tendu par des facteurs génétiques. Nous naissons avec un « taux de base » de bonheur qui reste notre socle tout au long de notre vie. Cette loterie génétique ressemble un peu à celle du poids. Nous ne partons pas tous avec le même capital physiologique et un éclair au café n'aura pas le même impact sur tous les métabolismes. Là où certains n'ont aucun effort à faire pour rester minces, d'autres si. Là où certains n'ont aucun effort à faire pour être heureux, d'autres si.

Plutôt que de tenir compte des statistiques moyennes de l'étude, les chercheurs en psychologie positive se sont intéressés aux exceptions, à savoir les jumeaux déclarant des niveaux de bonheur différents. Qu'est-ce qui rendait l'un plus heureux que l'autre ? Leur environnement, leurs relations avec leurs parents adoptifs et leur entourage, leur éducation, leur optimisme et leurs activités, tout a été comparé. Certains sont parvenus à se construire une vie plus heureuse que leur frère ou leur sœur au prix de changements de comportement et d'habitudes soutenues. La nouvelle est excellente : il est possible d'éprouver plus de bonheur que ce que notre taux initial nous promet. Mais notre « capacité au bonheur » fonctionne comme un aimant puissant autour duquel nous allons devoir danser. Apprendre de nouveaux pas pour gagner en légèreté et participer au bal de la joie sont possibles. Avec pas mal d'échauffement et beaucoup d'entraînement.

Couper le fromage
en trois morceaux

Quand j'interroge mes amis sur ce qui serait susceptible de les rendre plus heureux, je collecte des réponses variées : une fiancée, un mari moins pénible, ne plus avoir de migraines, un bébé, une pièce de plus, un voyage à New York, une moto, un soutien de la part de ses parents, un autre job, habiter dans le Sud, perdre cinq kilos, avoir plus de temps, de clients, de sexe et d'argent…

Cette liste pourrait être la mienne. Je veux bien tout cela, sauf le Sud qui impliquerait de déménager. Je ne le referai pas tout de suite.

J'en conclus que, pour être plus heureux, chacun a le réflexe d'imaginer ce qu'il aimerait avoir en plus ou autrement. Dans son laboratoire de Riverside, Sonja Lyubomirsky examine en détail ces « plus ou autrement » pour en évaluer la pertinence. Ses recherches tournent exclusivement autour de deux questions : Qu'est-ce qui nous rend heureux ? Quels bénéfices tirons-nous du bonheur, en plus de nous sentir bien ?

Ses conclusions sont éclairantes. Notre capacité à être heureux se divise en trois morceaux. Le premier recouvre 50 % du fromage : c'est la part de notre prédisposition génétique au bonheur ; elle peut être forte, moyenne ou faible. On sait aujourd'hui que ces 50 % sont gouvernés par la longueur du gène 5HTT, qui a une influence directe sur la façon dont nous ressentons un événement. Cette prédisposition est le plancher personnel dont nous disposons pour construire nos fondations.

Le deuxième morceau, qui représente 10 % seulement du fromage, est conditionné par les facteurs extérieurs. Les sous, le soleil, les bons résultats scolaires de nos enfants, les vacances dont on a envie, le temps libre, l'absence d'embouteillages et le tricycle de ses rêves modifient finalement à peine notre satisfaction profonde. Cela ne doit pas nous décourager, mais nous inciter à pointer nos efforts dans d'autres directions que l'augmentation de nos biens ou la transformation de nos conditions de vie.

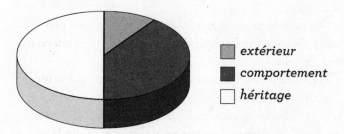

D'après Sonja Lyubomirsky,
Comment être heureux et le rester, Marabout, 2011.

Les 40 % restants dépendent intégralement de notre comportement et du regard que nous posons sur les événements que nous traversons. C'est là que réside notre potentiel d'épanouissement.

C'est ce dernier morceau de notre fromage intérieur qui nous promet une vie meilleure. De nouvelles habitudes, de nouvelles pratiques, des discussions avec soi-même et des raisonnements constituent notre marge de manœuvre pour ressentir et amplifier ce qui nous fait du bien. Notre comportement influence la lecture de cet ensemble. Et la psychologie positive en observe les recoins pour nous proposer plus de clés.

Les idées fausses
sur le bonheur

C'est ce qu'on attend
qui va nous rendre heureux

Le Pr Daniel Gilbert, qui dirige le laboratoire de psychologie hédonique à Harvard, dissèque, entre autres, notre capacité à prédire notre bonheur. Il compare nos attentes envers certains événements à venir et l'effet réel qu'ils ont sur nous, une fois survenus. Il s'est ainsi penché sur le cas des professeurs d'université en passe de titularisation.

Aux États-Unis, celle-ci s'obtient après un minimum de sept ans d'expérience. Elle se détermine à partir des compétences de l'enseignant, ainsi que de la quantité et de la qualité de ses publications dans son domaine. Traditionnellement, la titularisation garantit un poste à ses bénéficiaires jusqu'à leur retraite. Son obtention est donc a priori décisive pour la suite de leur carrière.

Les postulants ont été interrogés juste avant la publication des résultats. « Comment vous sentirez-vous en apprenant votre succès ou votre échec, et pour combien de temps ? » Les réponses prévoyaient, en grande majorité, une transformation radicale et définitive de l'humeur des personnes interrogées.

Le jour des résultats, comme prévu, les candidats reçus sont en extase et les recalés désespérés. Un mois, puis trois mois et, enfin, six mois plus tard, les ex-candidats passent de nouveau à la question et on leur demande d'évaluer leur bonheur à chacune de ces dates. La dernière prise de mesure révèle que tous, heureux ou malheureux, ont réintégré leur niveau de satisfaction antérieur à la publication des résultats.

Dans ce contexte, Tal Ben-Shahar nous demande dans quelles situations nous avons été surpris par l'impact éphémère d'un événement pourtant tant attendu. J'en vois un.

Nous étions au mois de juillet.

Il était neuf heures et quelques secondes. Les résultats du bac venaient d'être affichés et mes yeux cherchaient la lettre S. Je ne me souviens d'aucune respiration.

J'ai trouvé ma ligne.

Je l'ai suivie.

Vers la droite.

Reçue !

Houlala. Oui, bon, t'allais pas le rater non plus. Houlala. Ouf !

Des larmes, de la copine dans les bras, du cœur à cent à l'heure, de la compassion pour les recalés, la cabine téléphonique à trouver (et oui), mes parents à prévenir, la soirée à organiser. Houlala.

Trop de bien.

Les appels ont été passés, les premiers plans du soir échafaudés et j'ai attendu le bus du retour. Là, sur mon banc, mon cœur si plein s'est serré, déjà intimidé par les projets prévus : partir à l'étranger, quitter la maison et mes amis. En l'espace d'une heure à peine, ce succès que j'avais attendu presque toute ma vie devenait la cause de mon tourment. Je me souviens m'être demandé si je n'aurais pas préféré le rater, ce foutu bac…

Savourer une réussite pareille pendant soixante minutes à peine est… terriblement humain. Nous surestimons la durée et l'ampleur de l'impact d'événements futurs tels que remporter une élection, partir vivre au soleil, obtenir une bonne note, être promu, gagner un match, se faire insulter, perdre du poids et même tomber amoureux. Le rêve d'un grand départ pour tout changer n'est donc pas le meilleur pari. Et celui de gagner au loto non plus, visiblement. Mais si nos prévisions sont souvent erronées, elles restent un moteur formidable et nécessaire pour nous mettre en marche vers un objectif, une situation ou un individu, et vivre le mieux possible.

C'est tout à l'heure qu'on pourra être heureux

Dans l'émission de téléréalité *Miss Swan*, une candidate complexée par son physique se fait redresser les dents, le nez ou les oreilles, aspirer des centimètres en trop sous la peau, déplacer l'implantation du cuir chevelu et introduire des prothèses sous ses muscles. En général, tout cela à la fois. Un projet extrême et irréversible. Cette femme a exprimé un désir ardent de changement. Elle s'est projetée de tout son cœur dans un physique transformé qui lui donnera confiance en elle. Face à la caméra, elle décrit ses attentes de bonheur et de magie dans sa vie. Il faut du courage pour endurer les journées de douleur et le rouleau compresseur des interventions requises pour le spectacle. Puis enfin, le visage et la silhouette changés, la candidate sourit, pleine de dents.

Dans six mois sera-t-elle toujours heureuse ? A-t-elle fait le bon pari ?

L'une de ces femmes, interrogée par Sonja Lyubomirsky un an plus tard, avoue avoir été tentée de changer complètement de vie après toutes ces interventions. Les compliments qu'elle a reçus, la nouveauté du regard posé sur elle et l'attention des médias ont failli lui faire tourner la tête. Elle a finalement gardé le même mari et reconnaît que sa beauté acquise ne l'a pratiquement pas transformée.

Tony, mon premier amour très très séduisant, disait qu'être beau fait gagner un quart d'heure dans la vie. Il n'était pas heureux du tout, mais il était lucide et rapide.

C'est quand on s'ra riche qu'on s'ra enfin heureux

« L'argent ne fait pas le bonheur » : voici un principe que mon cœur perçoit, mais contre lequel ma raison argumente. Je trouve que l'argent facilite ma vie et l'embellit. Les spécialistes pensent autrement.

Richard Layard, économiste anglais, a comparé la courbe de l'élévation du niveau de vie dans les pays occidentaux et celle du bonheur moyen de leurs populations. Il apparaît clairement qu'à partir d'un certain niveau économique l'augmentation du bonheur ne suit plus celle de la croissance du pays. Aux États-Unis et en Grande-Bretagne, depuis 1946, la courbe du bonheur stagne alors que les revenus ont quadruplé[1].

Layard note tout de même que cent euros n'auront pas la même valeur selon qu'on les utilisera pour améliorer ses conditions de vie ou pour acheter du superflu. Dans un cas, ils contribueront au bonheur de l'intéressé, dans l'autre pas. L'argent a finalement assez peu d'impact sur le bonheur de celui qui dispose déjà d'un toit, de nourriture et d'une éducation de base.

Par ailleurs, plus nous gravissons l'échelle sociale, plus nous nous mesurons aux personnes de condition supérieure à la nôtre et étendons nos sources d'insatisfaction en déplaçant nos points de comparaison. Il est aujourd'hui impossible aux économistes de dire qui est heureux au regard d'une feuille de salaire. Même si une augmentation provoque toujours un pic de plaisir, celui-ci ne sera jamais durable.

Cependant, savoir se sentir bien attire le succès et les bénéfices qui l'accompagnent. Lors d'une étude mesurant le bonheur d'étudiants en première année de fac, on a pu constater, seize ans plus tard, que les plus heureux d'entre eux à cette

---

1. « Happiness : Has Social Science a Clue ? », Richard Layard, conférence à la London School of Economics, mars 2003.

époque gagnaient aujourd'hui les salaires les plus élevés du groupe.

Lorsqu'on manque d'argent ou de santé, il nous est presque impossible de ne pas y penser, alors que nous les oublions dès que tout va bien. Tous deux contribuent donc au bonheur, mais en négatif. Seule la gratitude que nous éprouvons de détenir l'un et l'autre contribuera à nous rendre heureux.

C'est quand tout va qu'on est heureux

Si tout va bien, alors tout va et on peut s'en réjouir. Mais si tout ne va pas bien, comment va le tout ?

Pour Daniel Gilbert, il existe deux types de bonheur : le bonheur naturel et le bonheur synthétique. Celui que nous cherchons, le bonheur naturel, est la joie que nous éprouvons lorsque nous obtenons ce que nous voulons. Nous avons beaucoup de respect pour le bonheur naturel, que nous trouvons noble et désirable. Peut-être parce qu'il a l'air de provenir de l'extérieur de nous. Comme un cadeau ou un signe de reconnaissance qui nous est offert : tomber amoureux, contempler un tableau magnifique, etc. Nous ne sommes alors pas un artisan laborieux, mais un lauréat méritant. Exercer un choix et avoir le luxe de changer d'avis sont les meilleurs amis du bonheur naturel. Je décide, je contrôle, j'obtiens, c'est moi qui pilote. J'aspire à ce bonheur, j'en rêve, puis je le vis.

Mais si je n'obtiens pas la tomate que je convoitais parce qu'un autre client s'en est emparé, je ne peux pas passer le reste de mes jours à la regretter. Dès lors que je n'ai plus ou pas le choix, un processus se met en marche qui me permet quand même d'être heureux : c'est le bonheur synthétique, celui que nous fabriquons malgré l'adversité et les revers.

Notre système psychologique immunitaire se déclenche pour le constituer. Il est capable de recréer une préférence pour une autre tomate. Il rend une déception acceptable en donnant du relief à ce qui reste, caressant mes attentes d'une nouvelle indulgence. Si un garçon qui m'invite pour la première fois au restaurant se met les doigts dans le nez, mes capteurs de bonheur naturel écarquilleront des yeux dégoûtés. Mais si mon mari depuis vingt ans agit de même, je ne me formaliserai probablement pas autant, capitalisant sur ses qualités intérieures que je connais bien. Voilà la justice – ou l'injustice – de la synthétisation. Nous sommes des animaux d'adaptation, faculté qui nous permet de vivre agréablement dans un monde sur lequel nous n'avons aucun contrôle. À plus grande échelle, c'est cette capacité qui nous permet de « rebondir ». Aucune vie n'est linéaire. Presque aucune journée ne l'est non plus. Les hauts, les bas, les émotions positives et négatives se succèdent comme oscille un serpent de mer. Pour traverser les récifs, le bonheur synthétique nous est aussi indispensable que son cousin naturel et il se présente bien plus fréquemment qu'on ne le croit.

Illustration pratique avec ces questions du cours : « Dans quelles circonstances avez-vous eu la sensation de connaître le bonheur éternel ? À quel événement déplaisant avez-vous « survécu » ? Qu'avez-vous appris ? »

Je réfléchis, comprenant déjà que la leçon est dans ma réponse.

J'ai éprouvé le bonheur éternel de rencontrer un homme extraordinaire. De le voir s'approcher, de le laisser me choisir, d'avoir envie de lui répondre, de me « lancer », de provoquer les situations qui nous permettraient de nous rapprocher. Déjà là, en désirant cette intimité, je me sentais plus jolie et mes ballerines ne touchaient plus le sol. Je me savais élue. Ce qui de lui ne m'aurait pas plu chez un autre m'était invisible. Ses yeux posés sur moi m'ont réchauffée au point de me laisser fleurir. J'étais joyeuse, positive et entreprenante. Créative et pleine d'énergie aussi. Je pensais que le monde entier devrait passer tout son temps à aimer. Mes démons et mes doutes se sont tus. Voilà ce que j'attendais : lui, ça, nous, comme ça. Je me sentais complète. Ma joie et mes tristesses s'étaient réconciliées pour faire de moi une femme toute rose à l'intérieur. Mes élans vers lui étaient généreux, je l'attendais, il me trouvait. Nous nous aimions. Mon bonheur était aussi naturel que possible.

Aujourd'hui, nous nous aimons toujours, mais ma troupe de hooligans a repris sa place dans les gradins pour commenter le match. J'ai aussi remplacé mes ballerines par des bottes étanches en prévision des orages et mon rose intérieur a viré au multicolore. Je pense être passée en mode synthétique. Mais ça marche aussi.

Dans la catégorie des pertes auxquelles j'ai survécu, je signalerai l'arrivée d'un manager qui a trouvé astucieux de démanteler mon poste. J'adorais mon travail, la créativité qu'il exigeait, l'équipe et notre liberté d'invention. Le nouveau venu a fragmenté mon travail, le distribuant à d'autres et me laissant un vague rôle de supervision qui ne me nourrissait pas. Je me sentais blessée, frustrée, brimée et

terriblement en colère. Aller au bureau m'était devenu pénible. Plus un souffle de projection ou de partage. Et, en prime, ce chef qui me pompait sournoisement l'oxygène. Je ne conduisais plus d'aspects gratifiants de ma barque.
Ce que j'ai appris de cette expérience est que, après avoir mariné dans ma détresse, j'ai pu transformer la situation à mon avantage. J'ai finalement profité de cette période tourmentée pour partir en formation, changer de crèmerie, me destiner à ce qui m'intéressait vraiment. Je me souviens de la fierté que j'ai éprouvée de m'être sentie capable de prendre soin de moi. Cela me rassurait de m'avoir comme alliée. Si j'avais su le bien que cela me ferait et les portes que cela m'ouvrirait, j'aurais probablement gémi moins longtemps. Voilà ce que j'ai retenu : au prochain coup dur, monter sur l'escabeau le plus tôt possible pour voir plus loin que le bout de mon nez.

Néanmoins, gémir fait partie du processus. C'est Tal Ben-Shahar qui appelle le moment qui précède l'ascension de ces marches : « se donner la permission d'être humain ». Si mon cœur est brisé, il EST brisé. Il n'est pas indispensable qu'il le reste, mais je peux lui accorder un moment nécessaire pour reconnaître sa tristesse.

Lorsqu'on se sent déprimé, on a naturellement tendance à zoomer sur ce qui se passe à l'intérieur. L'univers rétrécit. Cette façon de nous protéger devient problématique lorsqu'elle se transforme en rumination et nous plombe au fond. Mais plus on essaie de réprimer ou de nier une émotion, plus elle prend d'ampleur. Rejeter sa nature profonde conduit à coup sûr au chaos. Que se passerait-il si nous refusions la pesanteur ? Notre frustration serait permanente et les jeux de ballon n'existeraient pas. Accepter toutes ses émotions relève de la même évidence. Il faudrait être mort pour ne plus en éprouver. Étant très en vie, accepter de pleurer au cinéma est bien le minimum que je puisse faire pour être moi. En réprimant les émotions négatives, nous écrasons les positives. Laisser toutes les émotions nous pénétrer nous assure d'en ressentir de très fortes. C'est un flux à double sens. Notre sensibilité fait partie des cartes qui nous ont été distribuées.

Mesurer son bonheur

La science a besoin de mesures et de points de comparaison pour tester la validité de ses propositions. Dans le domaine du bien-être, les machines à mesurer le bonheur n'existent pas. Notre degré de satisfaction est le résultat subtil de la conjonction de nos actions, de nos émotions et de nos pensées. C'est là que réside notre patrimoine psychologique. Il est d'ailleurs en évolution permanente et peut changer d'un instant à l'autre.

Pour mesurer notre bonheur, les laboratoires de recherche ont recours au questionnaire personnel de satisfaction, qui reste encore l'indicateur le plus fiable de la situation réelle de notre climat intérieur. Afin de valider sa fiabilité, des chercheurs ont établi depuis dix ans des corrélations entre les déclarations des « sujets » et l'activité simultanée de leur cerveau grâce, entre autres, à des électroencéphalographies (EEG). Rassurée par la concordance des mouvements cérébraux avec la nature des réponses des participants, l'évaluation subjective de satisfaction est devenue l'outil de mesure utilisé, sans autre artifice technologique.

À 22 h 58, je reçois un message dans ma boîte mail : « Comment vous sentez-vous ? » Je fais glisser le curseur entre très mal et très bien. « Êtes-vous obligée de faire ce que vous faites en ce moment ? » « Avez-vous envie de faire ce que vous faites en ce moment ? » « Êtes-vous en présence d'un chat ? » « À quelle heure vous êtes-vous couchée ? » Je participe au programme de mesure du bonheur[1] créé par le laboratoire de Gilbert. Pendant quinze jours, ces questions surgissent à n'importe quel moment de la journée. Pour des résultats fiables, je suis tenue de répondre dans l'instant, sauf si cela me « met en danger ». Merci. J'informe le logiciel de mes heures de sommeil pour qu'il ne me réveille pas. Mais même si on est en train de faire l'amour, il est toujours *mieux* de répondre tout de suite.

L'objectif de cette étude est de corréler différents facteurs tels que les heures de sommeil, l'activité en cours, le nombre d'interlocuteurs ou d'animaux domestiques présents, le choix que l'on a d'être là, etc., avec notre satisfaction globale. Plus il y a de participants, plus les chercheurs peuvent tirer des conclusions générales sur le sommeil et le bonheur, par exemple. Mais comme, en psychologie positive, l'exceptionnel compte tout autant dans les statistiques, je tire d'après mes résultats des conclusions toutes personnelles.

Je suis plus heureuse lorsque j'ai dormi sept heures que huit. Je ne me sens pas bien du tout au téléphone avec la hot-

---

1. www.trackyourhappiness.org

line de mon fournisseur d'accès à Internet, mais au zénith en présence d'une à deux personnes. Je suis moins à l'aise dès qu'il y en a plus de trois. Plus je suis concentrée sur ce que je fais, plus je suis ravie, même si cela m'est imposé, et le mardi est ma journée la plus heureuse. Cet instrument entre dans les détails et répondre à plus de cinquante messages en quinze jours analyse ma vie comme je ne l'aurai jamais fait toute seule. J'en retiens surtout les sept heures de sommeil optimales et j'ai pris rendez-vous dans six mois pour la prochaine salve de questions. Je verrai ainsi si ma nature a évolué.

Lors de toute auto-évaluation, si ma réponse est biaisée par le fait de vouloir « donner la bonne réponse », je le sais. Si elle est sincère et authentique, je le sais aussi. Chaque individu est le mieux placé pour évaluer ses joies ou ses contrariétés passées et sa satisfaction du présent. La question qui compte étant : « Suis-je plus heureuse aujourd'hui qu'il y a cinq ans ? » Aha !

Le bonheur,
ça conserve

En 1932, Cécilia s'apprête à entrer dans les ordres. Comme à toutes les novices, on lui demande de rédiger sa biographie, de son enfance jusqu'au jour où elle doit prononcer ses vœux. Dans sa lettre, elle parle du cadeau de la foi que Dieu lui a donné si jeune et du bonheur qu'elle a éprouvé pendant cette année de préparation. Elle y décrit son impatience et sa fierté de se présenter devant Lui. Au même moment, Marguerite répond au même exercice en décrivant la structure de sa famille et les matières qu'elle a étudiées en classe.

Grâce au précieux archivage de ces documents, il a été possible d'établir un lien entre la durée de vie et le bonheur.

Observer les facteurs de longévité est une tâche compliquée. L'alimentation, les activités, l'environnement, la qualité de l'air, la cigarette, l'alcool, la maternité, les maladies sexuellement transmissibles, les conditions économiques et l'accès au soin doivent être pris en compte. Le couvent offre un terrain de comparaison idéal. Toutes les religieuses étudiées ici vivaient dans des conditions identiques, respiraient le même air, avaient le même régime, participaient aux mêmes activités, n'ont eu ni enfant ni amoureux, ne fumaient pas, ne buvaient pas et partageaient le même contexte économique.

Alors que leurs vies se ressemblaient, leur vitalité et leur longévité étaient très variables. La richesse du vocabulaire et les émotions positives décrites dans les biographies de ces femmes ont été comptabilisées par des observateurs qui ignoraient tout d'elles. Et c'est là, dans ce document, que résident les véritables différences. 90 % des nonnes les plus joyeuses vivaient encore à 85 ans et plus. Cécilia en faisait partie. La moitié la plus positive de ce groupe-là a même dépassé l'âge de 94 ans. Un tiers seulement des sœurs les moins heureuses a atteint l'âge de 85 ans et Marguerite est morte à 53 ans. Plus les émotions positives exprimées dans les récits étaient nombreuses, plus les religieuses avaient de chance d'être encore en vie soixante ans plus tard. Et la différence de longévité entre elles pouvait atteindre sept ans.

Le bonheur conserve donc. L'expérience a été répétée en milieu moins reclus et a confirmé ces chiffres. À facteurs comparables, les gens heureux présentent deux fois moins de risque de mourir prématurément ou de tomber malade.

C'est quoi, finalement, être heureux ?

Ma définition serait : être amoureux de sa propre vie. En prendre soin, la chérir, l'honorer du meilleur de soi-même, en cultiver les qualités avec tendresse. Et ne pas convoiter celle du voisin. Mais nous sommes ici dans un contexte scientifique. Est-ce que le bonheur se résume à un bilan comptable des moments de bonheur et des instants de malheur ?

Nous naviguons sans cesse entre ces deux polarités.

Les émotions négatives jouent un rôle indispensable. Par exemple, elles nous protègent physiquement contre le danger : si je dois me sauver ou me défendre, ce sont elles qui me l'indiquent. La peur nous extirpe de l'habituel pour nous mettre en garde, éveiller notre vigilance et faciliter notre préparation à l'obstacle. Les émotions positives, à l'inverse, déclenchent une ouverture et le désir d'exploration de notre environnement. Elles nous poussent vers le dehors.

Cependant, émotions négatives ou positives ne sont ni réciproques ni complémentaires. Elles occupent chacune, à l'intérieur de nous, une poche qui se vide et se remplit indépendamment de sa voisine.

Si je traverse plus de difficultés que vous, je ne serai pas pour autant privée d'expériences formidables. Et si même mon tempérament est particulièrement joyeux, je ne suis pas à l'abri d'un coup dur ou d'un malentendu.

C'est en apprenant à distinguer le passé, le présent et le futur que l'on peut orienter ses émotions : je peux transformer ma vision du passé, ma perception du futur et l'émotion que je ressens au présent. Et l'interprétation que je donne à cette conjonction crée mon niveau de bonheur de tout de suite.

Nous voici donc armés d'un paquet de cartes, assorti de quelques règles. On ne choisit pas la composition du jeu que l'on a entre les mains, la disposition de la table à laquelle on joue a peu d'importance, mais les rapports que l'on établit avec son joueur intérieur influencent considérablement la victoire. Prendre soin des 40 % de soi qui peuvent augmenter son bonheur répond au désir de vivre la vie que l'on a envie de vivre – ou que l'on considère mériter de vivre. En suivant le raisonnement de la psychologie positive, c'est aussi commencer à regarder sans tortiller ce qui fonctionne bien à l'intérieur de soi ou dans son existence pour trouver la source de sa force. Et si on gagne à ce jeu-là, personne n'y perd pour autant. Bien au contraire.

Évaluer son bonheur

D'après l'application pour iPhone Live Happy développée
par Signal Patterns sur un questionnaire de Sonja Lyubomirsky.

En général, je me considère :

pas heureux ○1○2○3○4○5○6○7 très heureux

Si je me compare à mes pairs, je me considère plus ou moins heureux qu'eux :

moins ○1○2○3○4○5○6○7 plus

Certaines personnes sont généralement très heureuses. Elles profitent de la vie quelles que soient les circonstances. En faites-vous partie ?

pas du tout ○1○2○3○4○5○6○7 tout à fait

Certaines personnes ne sont pas très heureuses. Sans être déprimées, elles ne semblent pas aussi heureuses qu'elles pourraient l'être. En faites-vous partie ?

tout à fait ○1 ○2 ○3 ○4 ○5 ○6 ○7 pas du tout

Quand on fait l'exercice pour soi, on additionne les points et on divise le résultat par 4 pour obtenir son indice de bonheur. Le résultat moyen pour un adulte actif est de 5,6.

Pour ne pas risquer de confondre son humeur du moment et son indice de bonheur, on se repose les mêmes questions quelques jours plus tard.

Et pour évaluer son humeur, on répond aux questions suivantes :

En général, je me considère :

triste ○1 ○2 ○3 ○4 ○5 ○6 ○7 gai
timide ○1 ○2 ○3 ○4 ○5 ○6 ○7 confiant
honteux ○1 ○2 ○3 ○4 ○5 ○6 ○7 fier
sombre ○1 ○2 ○3 ○4 ○5 ○6 ○7 joyeux
irritable ○1 ○2 ○3 ○4 ○5 ○6 ○7 paisible

Pour chaque réponse, on donne là aussi une estimation entre 1 et 7 points, puis on divise le résultat par 5. En réévaluant son humeur ultérieurement, on pourra en observer les variations.

2
Choisir ses lunettes

« La vie est pleine de revers. Le succès est déterminé par la façon dont nous les traitons. »

Tal Ben-Shahar

Pour percevoir le bon autour de soi, encore faut-il savoir où regarder et comment le faire. C'est un filtre appliqué sur nos lunettes qui remplit notre verre ou qui le vide. Il conditionne nos réflexes, notre capacité à nous projeter dans les situations que nous désirons et notre confiance en l'avenir. Nous ne sommes pas entièrement responsables de notre vision positive ou négative du monde, car la nature humaine nous a dotés de certains mécanismes de défense que nous appliquons sans nous en rendre compte. Mais pour vivre la même vie de façon plus légère, il nous reste la possibilité d'en explorer trois piliers : l'influence de notre capacité d'adaptation, la confiance que nous nous accordons et notre rapport à l'optimisme.

Nous sommes des animaux d'imitation et d'adaptation

Une fois le cours de Ben-Shahar terminé, je suis partie élargir mes recherches en « tournée d'inspiration ». Direction la Californie dont l'état d'esprit me ravit. J'y ai vécu à l'âge de sept ans, pendant une petite année, puis j'y ai fait mes études. Je suis restée sensible à quelque chose d'impalpable là-bas. Lorsque j'y suis, j'ai l'impression d'être une autre moi-même. Je ne souhaiterais pas y vivre, mais c'est un endroit dans le monde où je me sens plus gentille.

Au programme, cette fois-là, une retraite de yoga dans la montagne mexicaine, une soirée dans un simulateur de chute libre et du temps entre filles, seules, avec ma sœur Camille.

Notre « ranch » de yoga propose des séjours de huit à quinze jours qui attirent une clientèle presque exclusivement féminine.

La faute aux programmes de gym douce ou à la cuisine bio crue ? Il y a deux hommes seulement sur une centaine de participants. Le mari d'une de ces dames, contraint de nous faire toutes danser lors de la soirée de clôture, et un New-Yorkais parti avant la fin. Réfractaire aux règles de vie en communauté, il faisait ses besoins sur les pelouses et s'est présenté nu au cours d'aquayoga. L'Amérique n'est pas très nue : aéroport direct.

Nous prenons nos repas avec les gens qui arrivent au restaurant au même moment que nous – rencontres en tout genre garanties. La moyenne d'âge, cette semaine-là, frôle les soixante-dix ans. Camille n'en a même pas la moitié et j'ai dix ans de plus qu'elle. Nous sommes donc les petites jeunes du programme et, curiosité supplémentaire, nous sommes européennes.

Au cours d'une discussion, je raconte expérimenter pendant un an la psychologie positive sous toutes ses coutures et Harriet, qui rentre d'un tour du monde son sac sur le dos à soixante-douze ans, me demande si c'est une occupation bien française.

C'est-à-dire ?

Elle évoque quelques rencontres remarquables chez nous, mais dit aussi avoir croisé pas mal de mauvais coucheurs. De là, chacune des convives a relaté ses expériences hexagonales. Stéréotypées et peu brillantes. Plus d'observation que de critique, du reste : conduite de circuit auto sur la place de l'Étoile à Paris, un pas sur le côté comme réponse à une demande d'orientation, chauffeur de taxi mal luné. Et moi, troisième génération de Parisienne, reconnaissant vociférer en voiture, que les portes ne sont pas toujours tenues ni les files d'attente respectées. Que l'humour local flirte avec la moquerie, dénigre ses équipes sportives à titre préventif et nous régale des faux pas vestimentaires de nos pairs.

Un enfant, quel que soit son bain culturel, apprend en imitant. Un couple qui se forme utilise progressivement le même vocabulaire, tout comme des collègues se reconnaissent par leur jargon. Les membres d'une famille partagent des intonations et des expressions. Il est naturel d'adopter les modes de communication de son entourage, c'est un facteur d'appartenance propre à une espèce. Camille, après quelques années d'expatriation, s'est adaptée aux us et coutumes californiens, plus ronds, et revenir en France lui demande toujours un temps d'adaptation relationnel. En ce qui me concerne, je suis un pur produit de mon bocal. Je râle facilement, je critique avec plaisir et j'avoue jeter un œil sur les tenues des autres.

En plus d'une marque de fabrique locale dont nous sommes tous intérieurement estampillés, la nature humaine a ses raisons pour nous pousser vers la perception du négatif.

S'adapter pour survivre

Le ping-pong entre émotions positives et négatives est un match fondé sur des règles inégales. Notre câblage intérieur n'a pas été organisé pour privilégier les réactions subtiles aux jolies choses. Afin de répondre aux besoins de survie de notre espèce, nous disposons de « détecteurs de lion sortant de la forêt pour nous dévorer » qui provoqueront la réaction de survie adaptée. Ils réagissent aux dangers divers pour nous protéger et sont terriblement plus sensibles au trouble qu'au calme. Mais, pour nous permettre de retrouver la paix entre deux attaques et nous donner la possibilité de surmonter les obstacles, nous disposons d'une formidable capacité à nous adapter assez rapidement à toute nouvelle situation.

Comme dans le cas du bonheur synthétique qui se met en marche à l'issue d'une déception, nous synthétisons les situations inédites, que celles-ci soient positives ou négatives. Ainsi, par habitude, on ne s'émeut pas des trains qui arrivent à l'heure et on ne perçoit plus la merveille des détails de notre quotidien. Par ailleurs, nous adorons les nouvelles dérangeantes et les défauts, nous sommes touchés par les catastrophes, les faits divers et les histoires tordues, car les émotions qu'elles déclenchent nous réveillent. Les unes des journaux disponibles en kiosque ne parlent jamais du banal, qui constitue pourtant la plus grosse portion de nos vies. Les programmes que nous regardons, les films que nous choisissons et les affiches que nous croisons alimentent notre tendance naturelle à commencer par la critique car c'est celle qui nous stimule le plus. Mais elle a un prix sur notre organisme et notre personnalité.

Choisir son point de vue

Ben-Shahar nous demande si nous sommes plutôt de ceux qui « détectent les bénéfices » ou de ceux qui « cherchent des responsables ». Ce choix d'attitude est l'un des trois piliers que nous pouvons surveiller pour cornaquer notre nature. Il insiste sur l'incroyable confiance que nous avons dans notre propre vision de ce qui nous entoure. C'est ce que je vois qui est. Mais si je commence à voir les choses autrement, elles deviennent différentes. Si je ne préjuge plus des pensées des autres, si je détecte les qualités dans les idées de ceux qui m'entourent, si je reconnais le talent quand je le croise avant de lui trouver des limites, si au lieu de râler contre une grève je me réjouis d'avoir quand même un métro à prendre, si je vous trouve bonne mine ce matin, je ne laisse plus mes capteurs faire leur travail tous seuls. J'oriente leur prisme et je les éduque autrement. Alors je me force un peu. Et oui, aucun changement ne s'opère par magie… Mais comme je comprends l'intérêt de développer cette compétence et que je sens son utilité, je commence à jouer sur mon comportement, pour voir.

On n'obtient des changements intérieurs qu'en activant ces trois notions : comprendre à quoi cela sert, trouver du sens à ce changement et agir. Notre style d'interprétation se manifeste par des connexions neuronales. Pour définir un nouveau circuit, il faut l'emprunter volontairement, se surprendre lorsqu'on rebrousse chemin et traverser la pelouse en cours de route pour reprendre le nouveau sentier que l'on s'est fixé. Petit à petit une nouvelle voie se dessine dans le cerveau et la perception des bénéfices devient plus fluide. Et puis les jours de pluie, on oublie de l'emprunter car la précédente a l'air plus abritée, et on repère les responsables, de nouveau. Ça n'est pas grave. On recommence dès que l'on comprend pourquoi on ne se sent plus très léger. Et, à force d'appliquer cette nouvelle conscience, même une habitude peut se transformer.

Il existe des exercices simples pour s'aider sur cette voie-là. S'offrir un jeûne médiatique et observer si on se sent différent, écrire ce que l'on a repéré de positif dans une situation du jour, se taire au moment d'énoncer une critique pour se donner la chance de trouver les points positifs et, j'ajouterai, voyager pour être au contact de gens qui ont d'autres attitudes et réflexes que les nôtres. C'est toujours éclairant.

Je m'ouvre
aux bénéfices

En sortant de chez Good Vibrations, le premier sex-shop ouvert par et pour les femmes dans le quartier latino de San Francisco, je suis attirée par les couleurs d'une épicerie indienne. Sur la porte, une affiche annonce l'arrivée d'Amma dans la région le lendemain. Sri Mata Amritanandamayi Devi, surnommée Amma, est une femme d'une soixantaine d'années qui parcourt le monde pour câliner toutes les personnes qui viennent à elle. À San Francisco, tout le monde connaît quelqu'un qui lui a rendu visite. Le *hug*, cette étreinte que nous remplaçons par la bise en France, n'impressionne personne ici. On se dit bonjour ou au revoir en se serrant dans les bras. Amma est une « serial hugueuse » : 26 millions de personnes câlinées en trente ans. Camille récolte les conseils de ses amis initiés et les informations nécessaires pour trouver le lieu de pèlerinage. Les indications nous conduisent dans des collines desséchées par les vents de l'automne, jusqu'à la propriété agricole de sa fondation. Il y a des chevaux, une roseraie et un gigantesque potager. Un temple a été construit pour accueillir la cérémonie de câlins et les animations qui l'entourent. Les arrivants matinaux convergent vers la pagode.

À l'extérieur, des musiciens, des masseurs d'épaules et des vendeurs de colifichets à son effigie ; des cuisiniers bénévoles s'activent à la cuisson du déjeuner. Chaque personne que nous croisons nous salue. L'une d'elles, par notre œil égaré alertée, nous propose l'autocollant des nouveaux venus. Une petite pastille verte collée sur l'épaule signale qu'il est bienvenu de vous proposer des renseignements. Mais les nouveaux ont un autre privilège. Celui d'être câlinés en premier. Des numéros nous sont distribués, comme aux guichets des administrations. On nous conseille de guetter la progression de la file d'attente à partir des premiers rangs réservés aux autocollés et de ne surtout pas rater notre tour. Camille souffre ce jour-là d'une colossale sinusite. Le front comprimé, elle se mouche à la recherche d'un filet d'air. Les personnes derrière lesquelles nous sommes assises s'agitent. Camille se remouche. Les têtes se retournent comme pour faire taire un bavard au cinéma. Et là, enfin, Camille éternue, puissamment, bruyamment : le miracle d'un barrage qui cède et la délivre. Le rang de devant bondit et se disperse, renversant les chaises dans sa débâcle. Je regarde Camille. Elle sourit et me rappelle que nous sommes à quelques kilomètres seulement de la frontière mexicaine, berceau du foyer de la grippe H1N1 alors en cours.

Amma sauve la situation en choisissant de faire son entrée à cet instant. Une brève méditation rassemble les énergies de tous. Deux files parallèles se forment alors devant elle, assise sur un gros coussin. Pendant huit heures, sans boire, sans manger, sans se soulager et sans se lever, elle étreint tous ceux qui ont fait le déplacement – des centaines de personnes par jour. Nous rejoignons notre place dans la procession qui chemine tranquillement vers elle. Lorsqu'il ne reste que trois personnes entre elle et nous, nous nous agenouillons à son altitude. Un assistant vêtu de blanc, une boîte de mouchoirs en bandoulière, nous essuie le front. Il me demande quelle est ma langue maternelle. Je lui réponds que je parle anglais, mais il insiste. Il presse alors doucement ma tête vers le creux de l'épaule d'Amma qui, en me regardant droit dans les yeux, referme ses bras sur moi. Comme je le fais avec ceux que j'aime intimement. D'une voix presque enfantine, dans un doux balancier, elle susurre « mon chéri, mon chéri, mon chéri » en français à mon oreille. Puis elle ouvre son bras droit pour y accueillir Camille, et nous restons blotties toutes les trois au son d'un « mes chéries » accordé et doux.

Amma est, pour ses fidèles, une figure spirituelle qui porte sur le monde entier un regard d'amour inconditionnel, d'optimisme et de bienveillance. Elle parcourt les continents pour donner de la tendresse et de la douceur aux gens qu'elle prend dans ses bras, car c'est son message d'amour et de paix à elle. Grâce à son action, elle récolte des fonds qu'elle utilise pour construire des écoles, éduquer les filles et soigner des enfants dans des provinces démunies. Invitée aux célébrations du cinquantième anniversaire des Nations unies, elle y est intervenue pour suggérer que connaître notre propre nature est un complément indispensable pour le développement, la paix et l'harmonie du monde. Dans ses bras, j'ai ressenti une tendresse très présente. Comme une méditation qui se débarrasse du reste des émotions parasites. C'est la clarté incarnée de son intention qui est touchante et inspirante.

La spirale du positif

Amma appartient à une catégorie des gens qui détectent les bénéfices dans toutes les situations. Elle le revendique pour inciter fidèles et curieux à adopter la même posture. Elle a beaucoup de chance de fonctionner naturellement de la sorte, car il est démontré que les émotions positives entraînent dans leur sillon une nuée de bénéfices collatéraux.

Les gens qui ressentent des émotions positives se sentent bien, on s'en doute. Mais ils rentrent, grâce à elles, dans une spirale de découvertes qui élargit leur réflexion et leurs actions.

Barbara Frederickson dirige le laboratoire des émotions positives à l'université de Caroline-du-Nord. Elle les examine pour en découvrir les effets immédiats et secondaires. Elle en conclut que les émotions positives étendent notre répertoire d'actions et renforcent nos ressources intérieures[1].

---

[1]. « The Role of Positive Emotions in Positive Psychology », in *American Psychologist*, mars 2001 (consultable sur Internet : http://www.unc.edu/peplab/publications/role.pdf).

Par exemple, ressentir de la joie crée le besoin de jouer, de repousser ses limites et rend créatif sur le plan interpersonnel, intellectuel ou artistique. Se sentir guilleret motive, donne de l'élan, nous pousse à inventer et à communiquer.

Être intéressé par ce que l'on fait déclenche le désir d'explorer, d'acquérir de nouvelles informations et de se développer intérieurement. C'est à cause de l'intérêt qu'a provoqué chez moi ce cours sur la psychologie positive que j'ai engagé toute une suite de recherches, de voyages, de lectures et d'écriture. J'ai saisi la vague qui est passée sous ma barque.

Se sentir satisfait nous incite à savourer les circonstances du moment et même à repenser notre conception des situations et du monde. Comme des ailes qui nous poussent pour envisager une suite plus grande et plus colorée. Soudain, il y a plus de choix.

La fierté, enfin, qui survient lors d'une performance personnelle ou collective nous pousse à partager notre victoire avec les autres et à développer de nouvelles ambitions, seul ou ensemble.

Ressentir des émotions positives produit bien de nouvelles connections entre nos idées. Cela nous rend plus créatif. Ainsi, si on demande quel lien existe entre un éléphant et un sous-marin à quelqu'un qui éprouve de la tristesse, il n'en verra aucun. Un individu joyeux y verra plus spontanément deux moyens de transports[1].

Savoir détecter le positif d'une situation, d'un échange, d'une rencontre ou d'un obstacle est bien le point de départ

---

1. *Introduction à la psychologie positive*, sous la direction de Jacques Lecomte, Dunod, 2009.

d'un enchaînement de bénéfices qui commence à cet instant-là. Les chercheurs se sont aussi préoccupés de l'impact de cette perception du bon sur notre santé pour en conclure qu'elle nous protège de certains risques comme les accidents cardiaques. En cas de traumatisme, c'est toujours cette capacité qui nous permettra d'en sortir grandi et transformé plutôt qu'anéanti. Et c'est une posture que chacun d'entre nous est libre d'adopter en chaussant les bonnes lunettes et en se forçant un peu si nécessaire.

La première application, pour tester cette nouvelle possibilité, consiste à revenir sur une situation contrariante de notre passé et à nous souvenir de notre réaction initiale.

Je repense aux remous professionnels passés où j'ai laissé ma nature réagir spontanément. En ne me concentrant que sur les changements qui me déplaisaient, je cherchais un responsable. Je pointais du doigt. Objectivement, le moment était détestable à vivre. Je me sentais injustement amputée, alors j'ai finalement voyagé jusqu'en Amérique pour retourner à l'université, puis j'ai quitté mon métier de conceptrice de sites Internet pour diriger les innovations en développement durable dans une nouvelle entreprise. Là, j'ai rencontré des gens extras. J'ai aussi pu déménager plus paisiblement entre tout cela. D'accord, une crise économique a eu assez vite raison de cette nouvelle situation, mais en tirant le fil de la guirlande de ces changements, je me retrouve ici aujourd'hui, derrière mon écran, à en revivre les bénéfices. Et je m'y sens bien.

Que mon excuse soit culturelle ou génétique, j'ai naturellement tendance à me focaliser d'abord sur la porte qui se ferme. Les recherches démontrent que de ne voir spontanément que les défauts des situations nous conduit à nous résigner et à baisser les bras. Mais elles concluent aussi qu'à n'en voir que les bénéfices on en vient à ignorer la réalité. Il ne s'agit pas de se mentir ou de se convaincre que tout est formidable, mais de chercher des alternatives positives. De fermer une porte d'une main en ouvrant déjà la suivante de l'autre. Mon poste de cette époque a réellement été supprimé : ce n'était pas un bénéfice à court terme, mais il y en avait de réels à moyen et à long terme, et si j'accepte de les voir, il y en aura toujours.

Se faire confiance

Notre interprétation d'une situation est donc bien au centre de la qualité des expériences que nous traversons. Mais elle joue aussi un rôle puissant lorsqu'on se penche sur le potentiel de nos réalisations futures. Car lorsqu'on souhaite réaliser quelque chose en particulier, mieux vaut se fier à ce dont on a envie qu'à ce dont on se sait capable.

Albert Bandura, professeur de psychologie à l'université de Stanford, a établi une distinction entre l'efficacité et l'auto-efficacité. L'efficacité désigne les compétences requises pour effectuer une tâche. L'auto-efficacité définit le sentiment intérieur d'être capable de réaliser cette tâche. C'est la base de la motivation, de la persévérance et d'une grande partie de nos réalisations.

Herbert Benson étudie la relation entre le corps et l'esprit. Il a réuni des femmes enceintes souffrant de fortes nausées et de douleurs abdominales, et leur a administré un médicament en leur indiquant que celui-ci diminuerait ces douleurs. Le médicament a été efficace sur tout le groupe. C'était une pilule placebo ne contenant aucun agent médicamenteux actif.

Il a ensuite distribué à ces mêmes femmes un second médicament qui provoque des vomissements en expliquant qu'il les combattait. Les nausées se sont arrêtées. Ces femmes se sont guéries, dans ce cas-là, et ce jour-là, par la pensée. C'est leur confiance dans les soins reçus qui a fait le travail.

Une autre expérience, organisée au Japon, a inversement déclenché sur des sujets allergiques à une certaine plante une réaction cutanée au contact d'une autre plante qu'ils tolèrent habituellement mais qui leur avait été présentée sous l'identité de celle qu'ils redoutent.

Une des explications de ce phénomène est proposée par Stephen Kosslyn, professeur de psychologie à Harvard, qui a démontré en 1994 que ce sont les mêmes neurones de notre cerveau qui s'activent quand nous sommes en présence d'un objet ou quand nous l'imaginons. Cette approche milite pour l'importance de visualiser ce que nous souhaitons voir se réaliser. La mise en situation par simple projection nous prépare aux sensations que notre corps éprouvera et favorise, par cette familiarité anticipée, l'accès au résultat désiré. C'est l'une des conditions de l'auto-efficacité dont j'ai eu l'occasion de faire l'expérience par la preuve.

J'avais vingt ans, et lorsque j'ai besoin d'un peu de courage, j'y repense.

Je me suis inscrite à une soirée animée par un géant qui a la plus grande mâchoire que le corps humain puisse supporter. Il ponctue ses phrases de coups de karaté dans des planches en bois, remplacées scrupuleusement par un assistant en kimono. Au-dessus de sa tête, une banderole : « Transformer sa peur en pouvoir ! »

Il explique, calmement, que depuis qu'il fracasse des planches et mange des fruits, il est devenu riche. Voilà. Son projet de vie à lui se résume à ça. Nous sommes une cinquantaine, venus rendre visite à nos peurs. Pas uniquement les « petites peurs limitantes » qui nous complexent et nous bouffent l'existence. Non, les vraies grandes peurs physiques aussi.

Son enthousiasme convoie à lui seul la possibilité de l'impossible. Avec ses rondins de bois tranchés en apéritif, nous allumons un feu dehors. Un vrai bûcher. Les stères doivent se consumer pendant quatre heures et produire suffisamment de braises à étaler en un tapis de 10 m de long. De nouveaux assistants en kimono auront la bonté de s'en charger. Et nous la joie de le parcourir pieds nus.

Dans la salle, il y a deux camps. Ceux qui sourient en hochant la tête et ceux qui ne respirent qu'une fois sur deux. Pour l'instant, mon pouvoir personnel se limite à prévoir de quitter la pièce aux premières brûlures constatées, de préférence sur les autres. Ceux qui sourient sont en fait déjà venus.

Me voici allongée sur le sol, mes chaussures bien fixées aux pieds. Le géant nous guide dans une visualisation de préparation : une balade en feuille d'arbre sur une rivière. Je ferme les yeux et j'embarque. « Souvenez-vous d'une expérience passée ayant fait appel à toute votre créativité. » Je n'en ai connu qu'assise derrière ma table lorsque je tuais l'ennui scolaire en dessinant des cercles. Mon compas se dépose sur l'embarcation et je m'enroule dans mes ronds. « Serrez le poing. »

Au fil de l'eau, nous voici à la recherche d'un moment de grande compétence. Je fais bien les smoothies à la vanille. J'en explore, à sa demande, les ingrédients, le tour de main et le goût final. « Serrez le poing », nous redit-il. Un fond musical rythme la balade et nous berce. Vient ensuite l'instruction de recréer une vraie sensation de confort. « Que voyez-vous ? Que ressentez-vous ? Qu'entendez-vous ? » : ces trois questions accompagnent chaque image que nous fabriquons. Je suis épaulée par une expérience dans un Jaccuzzi partagée avec quelqu'un que j'aimais bien. Les images et les sensations habillent le son du bouillonnement de mon souvenir. « Serrez le poing ! »

Le géant nous annonce le débarcadère à portée de paupières. Il faut rouvrir l'œil, mais non sans avoir fermé le poing une dernière fois. Et laissé des traces d'ongles incrustées dans notre propre chair. Ça comptera tout à l'heure. Nous nous redressons. Sur la scène, trois nouveaux venus : des paperboards, futurs catalyseurs des angoisses de la salle. Le géant nous interpelle : « De quoi avez-vous peur, ce soir ? » « De me brûler », répond un souriant. Je lance timidement : « De partir avant la fin. » « De ma mère », dit un quinquagénaire. Et c'est parti. Chacun y va de sa petite angoisse, de ses peurs existentielles : la réussite, le cancer, les oursins, l'échec, sa femme, les voyous, la peur de trébucher, d'aimer, de sombrer, de parler, d'avoir des amis, de voyager, d'être là, de mourir. Le géant jongle avec ses feutres et ses pages, il mélange les couleurs, les lettres, il bondit d'un pied sur l'autre. Soudain il s'arrête, nous regarde, se retourne et arrache les feuilles comme un dément. Il les écrase, les froisse, les roule et nous les lance dessus avec force et précision, dignes de sa puissance. J'en prends une dans le sternum. Le choc de la peur ou la peur du choc – le principal, c'est le choc. Il nous ordonne alors d'enlever nos chaussures. L'œil collectif est inquiet, mais intrigué. Si, si, on les enlève. On apprivoise le sol !

Le moment est donc venu de se débarrasser de ses peurs. Et où ferait-on chose pareille ? Les kimonos infernaux s'affairent : ratissant les flammes, les braises et les cendres. On s'approche pour jeter notre boulette toute personnelle de frayeurs chiffonnées. La peur commence sa transformation. Il fait de plus en plus chaud près des flammes, alors on rentre se rafraîchir à la source de nos envies. Nous listons ce qui pourrait nous arriver de mieux dans un avenir très proche : se tirer, vaincre l'enfer, ne plus avoir peur, être aimé, boire un coup, s'amuser, frimer, réussir, vivre. L'ambiance est plus forte. À ce stade, la fierté fait son apparition. Dites donc, qu'est-ce qui pourrait bien faire que JE n'arriverai pas à trouver ma puissance ? Les redoublants n'ont pas les pieds ignifugés, que je sache. S'ils ont réussi une fois déjà, moi aussi je le peux.

Plus l'heure avance, plus j'ai envie que ça soit terminé, mais pas sans avoir réussi.

Je résume : j'ai peur de me blesser, mais j'ai envie d'être aimée et fière. Je suis pieds nus, j'ai brûlé du papier, une musique assourdissante nous résonne maintenant dans les oreilles et j'ai des marques d'ongles enfoncés dans la main. Reste à occuper ma bouche et mes yeux. Pour les yeux, le géant me propose de choisir ma couleur préférée. J'en élis une dans l'urgence : le bleu. Pour la bouche, il m'ordonne de répéter « mousse fraîche » sans m'arrêter. Il y tient.

Assez naturellement, la file commence à se former. Des anciens en premier, grattant du pied, le corps concentré. Deux kimonos bloquent l'accès vérifiant notre détermination, un par un, avant de nous laisser passer. Et là, incroyable, je n'y tiens plus. Il faut que j'y aille, qu'on me laisse passer, que je franchisse, que je ressente, que je traverse, que j'aille au bout, que j'atteigne le gazon humide de l'arrivée qui rafraîchira ma peau. Je me mets en position : le poing fermé, débordant de créativité et de compétences vanillées dans mon Jacuzzi, les yeux vers le haut, perdus dans un bleu protecteur, la mousse fraîche gravée sur mes lèvres et la B.O. de Rocky qui braille toujours. Mon pied droit, nu, s'élance. GOD ! C'est chaud, 500 °C. Il n'y a plus de flammes, seulement des braises, car, voyez-vous, les flammes brûleraient nos poils. Les braises, en revanche, ne tentent de transpercer que la peau du dessous. Je fais un pas, pressé mais posé. Il ne faut pas tomber, ils l'ont assez répété, ça déconcentre. Et qui se déconcentre… se brûle au troisième degré.

Un deuxième pas, le troisième, jusqu'au dixième. J'ai l'impression de traverser une route au mois d'août. Le goudron brûlant procure une sensation similaire. Pourtant, il est beaucoup moins chaud que le défi de ce soir. On m'attrape par les épaules en me criant de m'essuyer les pieds. Je suis arrivée. De l'autre côté. Où la mousse est fraîche et le gazon humide. Je m'exécute. Ne pas se déconcentrer avec des braises collées à la peau. Je regarde mes pieds, dessous, dessus.

Même pas brûlée !

J'ai réussi, j'ai fait l'impossible. Sérieusement chauffée, mais pas blessée. Je n'y comprends rien, je saute de joie, je crie de rire et de surprise. Je me jette sur les autres qui se jettent sur moi, nous nous jetons en l'air ensemble. C'est fort, tellement fort. Je n'ai jamais rien vécu d'aussi fort. Le géant est content de nous, nous sommes contents de nous, de lui et de sa mâchoire, prêts à donner des coups de karaté. Parce que désormais TOUT est possible. J'ai défié la nature, la logique, la physique, la chimie, la peur, la peau, la chaleur. Je me suis créé la possibilité de vivre un truc fou.

Je ne me suis pas endormie tout de suite ce soir-là. Je n'ai pas touché le sol avant le jeudi suivant et je me suis inscrite à un saut en parachute dès le samedi d'après. La métaphore de la marche sur le feu était bien choisie pour éprouver toute la puissance que mon esprit peut avoir sur mes peurs. Il est tellement plus virtuose à en fabriquer qu'à m'en débarrasser... Comme je suis moi aussi un animal d'adaptation, la vie a repris son cours, et mes limitations ont regagné leurs places habituelles. Mais j'ai imprimé dans mon corps la sensation que l'on éprouve quand on prend vraiment les commandes et je serre encore le poing dans les moments de trac.

Notre attitude face à un événement a le pouvoir de le transformer. Je sais désormais que mes croyances sur moi-même sont déterminantes. À tel point que, lorsque mes aînés ont passé l'âge de quinze ans, je les ai accompagnés à leur première marche sur le feu. Pour qu'ils goûtent très tôt la saveur d'un doute écrasé par son propre courage. Alors, notre plancher génétique de bonheur constitue-t-il le seuil maximum que nous puissions atteindre, ou est-il bien notre plancher, c'est-à-dire le minimum que nous nous fixons ? Mes pieds se souviennent, pour leur part, de la température de mon auto-efficacité à son maximum. Et que c'est bon quand c'est chaud.

Devenir optimiste

Le troisième pilier pour gagner en légèreté est notre rapport à l'optimisme. C'est l'une des spécialités de Martin Seligman, qui le présente comme une fonction déterminante pour notre épanouissement.

Avec son équipe, il a entrepris de nombreuses études sur le sujet, pour définir l'optimisme, le comprendre et en observer les retombées. Il s'agit d'un trait de caractère, mais chacun d'entre nous a la capacité d'éprouver à la fois de l'optimisme et du pessimisme. En premier lieu, l'optimisme partage un certain nombre de caractéristiques avec les émotions positives. Il développe notre système immunitaire et nous protège des maladies. L'optimiste est en meilleure santé que le pessimiste et, si on lui annonce une maladie grave, il accepte le diagnostic en cherchant dès à présent comment tirer partie de cette situation contrariante. L'optimisme active donc, lui aussi, notre capacité à détecter les bénéfices en toutes circonstances.

En cas de coup dur, les optimistes résistent deux fois mieux à la survenue d'une dépression. Professionnellement, ils sont plus performants lorsqu'ils exécutent des tâches complexes. Comme ils portent sur eux-mêmes un regard bienveillant, ils se projettent plus agréablement dans l'avenir que les autres.

On compte huit fois moins de dépression chez les optimistes que chez les pessimistes, sans oublier que les pensées optimistes nous mettent de meilleure humeur. Enfin, les optimistes sont plus appréciés par leur entourage.

Comment alors ne pas vouloir le devenir ?

Connaître son optimisme

L'optimisme ne se résume pas à avoir confiance en l'avenir. C'est le niveau d'assurance ou de doute que l'on éprouve à propos de nos chances de succès, de l'atteinte d'un but ou de notre faculté à éviter une situation que l'on redoute.

Il existe plusieurs tailles d'optimisme. Le micro-optimiste survit aux tracas de la journée, de la semaine ou du mois en se disant que tout finira bien. S'il a la flemme d'aller faire des courses, il trouvera toujours quelque chose à cuisiner avec ce qu'il y a à la maison. Le petit optimiste s'engage dans un projet, confiant dans sa réussite. Il se dit qu'il peut arriver au terme des dix réunions prévues pour faire aboutir son projet avec le même plaisir. Pas de problème. Et, enfin, le grand optimiste ressent de l'élan, de l'énergie face à la force des événements, se sachant capable de résister aux obstacles. Lorsque survient une nouveauté ou qu'une situation évolue, il est convaincu d'être à un tournant important et encourageant de sa vie, de sa relation, de sa carrière ou de son époque. Ça vibre.

Nous avons tout à gagner à optimiser notre optimisme. Certains le font en essayant d'appliquer la méthode Coué qui consiste à se dire, comme le personnage du film *La Haine*[1], en chute libre (sans parachute) du haut d'un immeuble : « Jusque-là, tout va bien. » D'autres affichent sur leur mur ou sur leur fond d'écran des citations encourageantes. J'ai essayé le mur et le fond d'écran, et n'ai personnellement été éblouie ni par l'un ni par l'autre. Car l'optimisme et le pessimisme s'infiltrent aussi dans la lecture des circonstances de n'importe quelle journée. Les plaisantes, comme les déplaisantes.

En abordant ce sujet pendant le cours, je fais un auto-bilan express de mon optimisme. Il m'est naturel d'être optimiste et encourageante pour les autres. J'ai confiance dans les capacités de ceux qui m'entourent à réussir, à se remettre et à profiter de tout. Je ne vois pour eux jamais d'obstacles définitifs ou de situations rédhibitoires. Mais lorsque je retourne la caméra vers moi, c'est une tout autre histoire.

Pour en avoir le cœur net, notre professeur nous oriente vers un questionnaire en ligne élaboré par l'équipe de Seligman à l'université de Pennsylvanie[2]. Gratuit, accessible à tous (mais en anglais), il permet aux chercheurs d'accumuler des données quantitatives sur l'optimisme et aux internautes de découvrir et de comparer leurs scores.

---

1. Mathieu Kassovitz, 1995.
2. http://www.authentichappiness.sas.upenn.edu/testcenter.aspx

Trente-deux questions simples sont posées, telles que :
- « Vous ratez un rendez-vous important. Est-ce parce que vous avez des trous de mémoire, ou parce que vous n'avez pas consulté votre calendrier ce jour-là ? »
- « Lorsque vous êtes très content d'une soirée que vous avez organisée chez vous, est-ce parce que vous étiez particulièrement charmant où parce que vous êtes un bon organisateur de fête ? »
- « Si vous perdez votre calme avec un ami, est-ce parce qu'il vous a cherché ou parce qu'il était de mauvaise humeur ? »

Je décide d'y participer sans tenter de donner la bonne réponse. À ce stade, j'avoue ne pas totalement parvenir à déterminer quelle est LA bonne réponse.

Les résultats évaluent notre sentiment de responsabilité en cas de réussite et d'impuissance face à l'adversité.

Pour en expliquer la portée, Seligman détaille notre interprétation de situations courantes.

Il prend quatre exemples positifs :
1. On réussit un examen.
2. Notre client est content d'une présentation.
3. On nous dit : « Comme tu es beau ! » ou « Comme tu es belle ! »
4. On nous remercie pour un cadeau en ajoutant : « Je l'aime beaucoup. »

Celui qui considère que les situations positives de sa vie ont une cause permanente plutôt que temporaire est plus optimiste. Ses succès ne dépendent pas d'un contexte, mais bien de sa nature ou de ses compétences. Voici sa réaction :

1. *Il a réussi* son examen *parce qu'il sait bien* se préparer aux épreuves.
2. *Son client* est content, car *il est* un bon professionnel.
3. On lui dit qu'il est beau, parce *c'est vrai*.
4. *Il sait* presque toujours trouver des cadeaux qui font plaisir.
5. Il éprouve d'ailleurs du plaisir à se sentir responsable de ses victoires.

Face aux mêmes affirmations, le pessimiste trouve des raisons extérieures ou accidentelles pour justifier sa performance :

1. Le sujet de l'examen était *à sa portée*.
2. Le produit plaisait *au client*.
3. Il est bien habillé *aujourd'hui*.
4. *Heureusement* qu'il est passé devant la bonne boutique.

À cette évaluation, j'obtiens un score de 4 sur 8. Mon verre est donc aussi plein qu'il est vide. Lorsque je reconnais mes victoires, un coup je l'attribue à mon action, un coup je l'attribue à du bol. Je connais bien cette capacité à diminuer mon mérite. Mais je connais aussi la sensation de savourer les moments de grâce que j'ai su générer. J'ai cependant, sur ce sujet-là, une marge de progression possible.

Un second score nous révèle notre comportement face aux situations négatives. Celui qui abandonne lorsque ça se

complique croit que les revers qu'il subit sont durables et irréversibles. Il généralise.
1. Si sa compagne lui fait une réflexion, il lui répondra : « Tu râles *tout le temps*. »
2. S'il est en retard à un rendez-vous, il s'accuse d'être *toujours* en retard.
3. Il affirme que *les* chauffeurs de taxi sont désagréables.
4. Si un appel ne lui a pas été retourné, il conclura : « Il ne me rappelle *jamais*. »

Les pessimistes systématisent le négatif. Cela témoigne de l'impuissance qu'ils ressentent. Et cette impuissance gangrène leur motivation et leur capacité d'intervention. Elle ne les incite à rien d'autre que baisser les bras.

Face aux mêmes circonstances, l'optimiste est plus précis. Il ne se laisse pas dépasser par la situation et considère qu'un revers est temporaire ou circonscrit :
1. « Tu râles *quand* la connexion Internet ne marche pas. »
2. « Je suis arrivée en retard à mon rendez-vous *ce matin*. »
3. « *Ce* chauffeur de taxi était mal luné. »
4. « Il n'a pas répondu à mes *trois* derniers messages. »

Quand ça ne se passe pas comme on aimerait, l'emploi de « toujours » et « jamais » sont des signes assurés de pessimisme. Ils rendent l'adversité définitive et globale. Et c'est parce que nous nous sentons submergés, que nous nous laissons paralyser et décourager.

L'emploi de « parfois » ou de « récemment » révèle une nature plus légère, témoigne d'une contrariété passagère et surtout d'une évolution favorable possible.

Nous sommes tous affectés par de mauvaises fortunes ou des déboires. Comme si on venait de nous marcher sur le pied. La capacité que nous avons à délimiter la déception à un périmètre défini détermine en combien de temps la douleur se dissipera.

Ma tendance à généraliser les difficultés n'est *que* de 3 sur 8. Seligman me qualifie sur ce sujet de « modérément optimiste ». Au moins, c'est encore optimiste.

Le score suivant entre encore plus dans le détail. Il détermine la manière dont nous nous faisons confiance. Est-ce que je me suis bien appliquée ou est-ce que je m'accorde d'être douée ? Ai-je amélioré mon temps pour courir 3 km parce que je m'y suis bien préparée ou parce que je suis une bonne athlète ? Mes amis étaient-ils contents du dîner car j'ai bien choisi le menu ou parce que je suis une bonne cuisinière ?…

À votre avis, laquelle des deux est la véritable optimiste ? Et bien, c'est celle qui ne fonctionne pas comme moi. En effet, sur cette question, mon score est très bas. Un 2 sur 8, qualifié de « très pessimiste ». Cela signifie que je dois mes réussites à un acharnement éventuel, mais certainement pas à ma divine nature. Aïe.

Je peux maintenant résumer mon optimisme personnel. Je ne me débrouille pas si mal quand les choses ne tournent pas rond. J'en ai, de ce côté-là, « dans le coffre ». Je me fais confiance pour m'en sortir, rebondir ou encaisser. Mais quand les choses vont bien, je suis persuadée que cela relève d'une aubaine. Je sais me battre, mais je ne sais que partiellement profiter de mes succès et surtout pas me les attribuer.

Les exemples se bousculent alors dans ma tête. Si on aime le plat que je sers, j'en démontre la simplicité en égrenant la recette. Si on me propose un job, c'est parce qu'on me trouve sympa. Si on aime la déco de mon appartement, je décris une accumulation fortuite de bric et de broc. Si on aime un livre que j'ai écrit, je précise que je n'ai aucun mérite, car je raconte les choses comme je les ai vécues. Si mes fêtes sont joyeuses, je le dois à la bonne humeur de mes copains. Et si je suis bien coiffée, c'est Lamia, « ma » talentueuse sculptrice capillaire, qui mérite les compliments. STOP !

Je suis une demi-optimiste officielle. Tantôt dans la moyenne des femmes de mon âge qui ont répondu au même questionnaire que moi, tantôt très en dessous des statistiques. J'avoue que je me doutais de quelque chose de ce genre, ayant déjà remarqué que j'avais plus de facilité à comprendre ce que l'on pouvait ne pas aimer chez moi qu'à reconnaître ce que j'ai d'irrésistible. Mais cette fois mon potentiel de progrès n'a jamais été aussi clair.

L'art d'être l'optimiste consiste à s'imputer la responsabilité des causes d'un événement positif et de le considérer comme durable tout en attribuant les situations négatives à une cause extérieure à soi et en ne leur accordant qu'un impact limité sur ce qui va suivre. Cette conjonction optimale est le carburant de l'espoir. Par exemple, lors d'une rupture sentimentale, un pessimiste peut penser qu'il en est responsable et qu'il ne peut donc pas être aimé. Un optimiste, quant à lui, recherche une explication davantage centré sur le contexte de la rupture amoureuse, ou la mise en cause du partenaire pour justifier la même situation.

Optimiser son optimisme

Le jeu en vaut donc la chandelle. D'autant que nous disposons tous d'une base d'optimisme sur laquelle nous appuyer. Sinon, nous aurions rendu les armes il y a déjà fort longtemps. Selon Seligman, la meilleure façon de développer son optimisme est de se prendre en flagrant délit de pessimisme et d'engager une bonne discussion avec soi-même. Comme nous le ferions avec un ami.

De son côté, Ben-Shahar souligne que nous sommes en général meilleurs conseillers pour les autres et beaucoup plus habiles à riposter contre leur pessimisme. Les encouragements qui nous sautent à l'esprit pour autrui demeurent inaudibles lorsqu'on se regarde dans un miroir.

Si quelqu'un nous fait des reproches, nous savons, en général, nous défendre. Si on me dit que je suis égoïste et que je ne pense qu'à moi, je vais commencer, intérieurement, par dresser la liste de tout ce que je fais pour d'autres, nourrissant ma parade et ma bonne conscience. Mais lorsque l'on s'attaque et se critique soi-même, nos défenses s'éteignent.

Seligman proteste : nos commentaires intérieurs négatifs ne sont pas plus fondés que ceux d'un rival jaloux, mais parce qu'ils viennent de nous, nous les écoutons religieusement. Et nous les croyons.

Pour répliquer contre ses propres accusations, le conseil du scientifique est d'organiser une bonne discussion avec soi-même. Comme un entretien important se prépare avec minutie, une conversation avec son pessimisme s'organise aussi. Seuls des arguments construits viennent à bout de ses propos négatifs. Se convaincre que ça ira mieux demain ne suffit pas. Notre esprit cartésien a besoin de démonstrations avant de changer d'avis. Seligman recommande d'explorer ces quatre types d'arguments ou de stratégies :

La preuve

Le plus efficace reste de se démontrer que ce que l'on croit est incorrect. Comme le pessimiste exagère toujours, la première question à se poser est de vérifier précisément en quoi ce que l'on avance est vrai.

« Lorsque je médite, je n'arrive jamais à faire le vide et à faire taire mes pensées. »

Jamais ? Vraiment ? « Et bien si, peut-être, quelquefois. » « Quand ? » « Ce matin par exemple, lorsque le gong de fin a sonné, j'ai eu l'impression de revenir de très loin. Je ne me parlais plus. Ça m'a même fait plaisir. »

Le catastrophisme et la généralisation sont des interprétations auxquelles j'ai souvent recours. Je code le monde en gros plans, sans nuance : « *Je ne sais pas* marcher vite ; je ne me souviens *jamais* du nom des gens ; lorsque mon mari parle trop fort au téléphone, *tout le monde* le regarde, etc. »

L'exercice de la preuve m'apporte des nuances, de l'espoir et, surtout, l'objectivité qui me manque pour être moins affectée.

Apprendre l'optimisme, c'est apprendre la précision et l'observation. Le catastrophisme chronique se dégonfle toujours en présence de la réalité.

Les alternatives

Ce qui nous arrive est rarement la conséquence d'un seul facteur. Lorsque je perds mon emploi, j'en déduis immédiatement que je suis inemployable et que c'est un échec. Je peux aussi décomposer le faisceau de circonstances en jeu pour distinguer les impondérables des actions qui sont de mon ressort. Je commence, par exemple, par lister les circonstances qui entourent mon licenciement :

1. Cette année-là, la situation économique de l'entreprise était catastrophique.
2. Mon supérieur hiérarchique a redouté mon embauche dès mon arrivée.
3. Je n'avais jamais travaillé dans une entreprise aussi vaste.
4. J'y vois quand même de l'injustice, car j'avais les compétences requises pour le poste.

Je détermine ensuite, de tous ces facteurs, sont ceux qui relèvent de ma performance et ceux qui relèvent des circonstances ?

1. Je ne peux rien changer à la situation économique mondiale et à ses retombées sur ce secteur en particulier.

2. Alors pourquoi m'accabler à propos d'une relation imparfaite, mais non déterminante avec mon chef ?
3. En revanche, lors d'une prochaine aventure, je m'efforcerai soit de travailler dans une plus petite organisation, soit de rencontrer plus de gens dans l'entreprise afin de mieux la comprendre.
4. Certains d'entre nous sont affectés lorsque le monde semble injuste. Par exemple, lorsque le TGV tombe en panne en rase campagne. Et même si c'est vrai cette fois-ci, est-ce que cela peut être généralisé ? Cela fait-il de moi quelqu'un dont les trains sont toujours en retard et, dans le cadre de mon entreprise, dont les compétences ne sont pas reconnues ? Ou quelqu'un que son mérite n'a pas sauvé du pôle emploi dans ce faisceau de circonstances ? Accuser l'injustice alimente la sensation d'impuissance. Et c'est l'impuissance qui nous désespère.

Dès lors, il m'est plus facile d'imaginer que je puisse un jour appartenir *de nouveau* à un projet ou une entreprise. C'est rassurant de trier les causes d'un désastre car cela évite de s'en tenir une vision globalement destructrice. Il faut se forcer un peu pour trouver, à partir de ce nouveau regard, des alternatives positives, mais c'est le rôle de l'optimisme. C'est la preuve qu'il se développe. Le pessimisme, lui, sait bien trouver les justifications négatives sans chercher très loin. Nous savons parfaitement réinterpréter la réalité, le tout est d'orienter le baromètre vers les éclaircies.

Les conséquences

Nos actions en entraînent d'autres, au risque de justifier notre pessimisme. La pratique qui lutte contre cela consiste à répondre à la petite voix intérieure qui nous dit : « Et si j'avais raison ? » Si le fait de ne pas être allée courir ce matin comme je me l'étais promis démontrait, une fois de plus, que je ne tiens pas mes engagements vis-à-vis de moi-même et, du coup, que je ne risque pas de pouvoir remettre le jean qui ferme difficilement ?

Dans une discussion intérieure de ce genre, il faut appliquer immédiatement la stratégie du « Et alors ? ». Quel est le scénario le pire qui puisse se produire ? Que je sois obligée de sortir cul nu parce que je ne peux pas rentrer dans ce pantalon ? Que j'enfle tellement que plus aucun vêtement disponible sur la planète ne m'aille plus jamais ?

Forcer le trait permet de relativiser, de se rapprocher de la raison et de dégonfler l'accusation.

Il devient alors probable que la seule conséquence au fait de ne pas être allée courir ce matin est que je ne suis pas allée courir ce matin. Point. La portée de la situation n'a pas besoin de déborder dans mon armoire.

Le bénéfice caché

Enfin, Seligman propose un dernier cas de figure, portant sur la vision plus large d'une situation décevante.

Et si la conclusion négative que je tire d'une expérience m'était plus utile que je ne le pense ? Si le fait de ne pas avoir travaillé ce matin m'autorisait à reculer la date de remise de mon manuscrit ? Généraliser et accentuer la gravité des faits me permettent, dans ce cas, de remettre en question une contrainte plus large. Et devient un alibi pour autre chose qui m'arrange. Comme celui qui renoncera totalement à son régime au premier carré de chocolat avalé en catimini. Le dérapage d'un instant se transforme en remise en question généralisée, objectivement injustifiée.

En résumé, pris en flagrant délit de pessimisme, voici les trois questions à se poser :
1. Cette contrariété est-elle passagère ou ses effets vont-ils me hanter à jamais ? Sonja Lyubomirsky encourage la question suivante : « Dans un an, est-ce ça aura encore de l'importance ? » L'effet est presque magique, la relativisation immédiate et bienfaitrice.
2. Qu'est-ce que cet échec remet en cause chez moi ? Qui je suis ou la manière dont je m'y suis prise ?
3. Est-ce entièrement de ma faute ou de mon ressort, ou d'autres facteurs sont-ils en cause : des ressources, des gens, le timing, le contexte ?

Puis, fort de cette accalmie, on se relève et on repart.

Apprendre à tomber

L'optimisme nous aide à nous maintenir toujours en route. Les optimistes visent plus haut que les pessimistes lorsqu'ils se mettent en marche, et tombent bien plus souvent aussi. Mais ce qui fait leur force est leur capacité à se remettre en selle. Un petit objectif est facile à atteindre et ne génère pas autant d'estime de soi qu'une bonne grosse gamelle dont on se sera relevé. Éviter ou contourner un obstacle porte préjudice au regard que l'on porte sur soi. La reconstruction est un moment d'exploitation de nos forces qui nous donne plus d'assurance et plus d'optimisme pour la suite. Encore une spirale positive.

Les pessimistes se fixent de petits objectifs car au moins, ceux-là, ils savent qu'ils pourront les atteindre. Mais cette ambition contenue sur les enjeux de la vie risque aussi de s'appliquer aux autres, notamment à ses propres enfants. Afin de les protéger d'une éventuelle déception, le pessimiste aura tendance à les orienter vers des cibles *accessibles*. À leur dire d'éviter la lune, parce qu'on croit savoir que c'est trop difficile et trop loin. Mais pour qui est-ce trop loin ? Pour nous ou pour eux ? C'est un mauvais calcul.

Le risque fait peur tant qu'on n'a pas fait l'expérience de s'y confronter. Mon fils Léon, en apprenant à faire du vélo, avait peur de tomber, donc peur d'avancer. Puis il est tombé. Il s'est fait mal, mais pas tant que ça. Alors il n'a plus eu peur d'avancer. Et il n'est même plus tombé.

Plus nous échouons, plus nous souffrons, mais plus nous pouvons réaliser que l'on peut s'en remettre. Le service à rendre à ceux dont nous influençons l'éducation ou l'inspiration est de les inciter à viser haut, au risque de s'égratigner. Une zone de confort au-delà de laquelle on ne s'aventure pas nous apprend beaucoup moins que l'exploitation de la frontière supérieure de nos possibilités.

Selon Ben-Shahar, l'optimisme, la passion et l'effort sont tous les trois indispensables pour réussir. Les recherches sur la chance démontrent que les gens qui se considèrent chanceux pensent qu'ils vont « aller loin » et se donnent beaucoup de mal pour y parvenir. Ils génèrent leur propre chance. Avoir des attentes élevées envers soi-même et son entourage est vital. « 100 % des gagnants ont tenté leur chance » est l'un des slogans les plus vrais dans ce domaine.

Rappelons aussi qu'il ne faut pas confondre optimisme et pensée positive. L'optimiste est réaliste quand il se fixe des objectifs un peu trop hauts, car une partie de lui accepte le risque de ne pas réussir, pendant que l'autre donne le meilleur d'elle-même. La pensée positive suggère que l'on va forcément réussir. Elle se trompe peut-être.

L'optimisme réaliste pour survivre

L'amiral James Bond Stockdale a été le plus haut gradé américain détenu par les Vietnamiens lors de la guerre contre les États-Unis. En septembre 1965, il s'éjecte de son avion en perdition et tombe en parachute dans un petit village où il est battu et emprisonné.

Pendant sept ans, enchaîné à des sanitaires, il sera souvent torturé. Lorsque ses geôliers lui annoncent qu'il va être exhibé devant les caméras de télévision, il se taillade le cuir chevelu pour les en dissuader. Comme ils lui recouvrent la tête d'un chapeau, Stockdale se fracasse le visage avec le tabouret sur lequel il est assis, jusqu'à en devenir méconnaissable. Insoumis et déterminé, il sera séparé des autres prisonniers et enfermé dans une cellule d'isolement d'un mètre sur trois, la lumière allumée et les fers aux pieds en permanence.

Il a été libéré en février 1973, les deux épaules disloquées, une jambe broyée et le dos cassé, sans avoir jamais capitulé.

Lorsqu'on lui demandait qui étaient ceux qui n'avaient pas survécu à ces atrocités, il répondait : « Les optimistes. Ceux qui se disaient qu'on serait sortis avant Noël. Noël arrivait, puis Noël passait. Ils disaient ensuite qu'on serait sortis à Pâques. Puis Pâques passait, puis la Toussaint venait, passait, et Noël revenait. Ils en mouraient alors, le cœur brisé. » Ceux qui ont survécu savaient qu'ils s'en sortiraient, tout en acceptant qu'ils ne savaient pas quand. Les optimistes réalistes ont survécu.

L'optimisme intervient donc à tous les temps de notre vie. Il définit notre confiance en l'avenir, mais conditionne aussi la manière dont nous vivons les instants présents. Si l'influence de notre capacité d'adaptation et la confiance que nous nous accordons correspondent au cadre et aux branches des lunettes que nous portons sur le nez, c'est l'optimisme qui définit la couleur des verres qui colorent nos expériences.

Le jour où j'écris ce chapitre, la journée se déroule bizarrement.

J'ai un rendez-vous à 14 heures pour préparer une interview à propos d'un livre que j'ai écrit sur le mariage. L'émission est prévue le lendemain sur une grande radio. À 14 h 17, un appel téléphonique m'informe qu'elle n'aura pas lieu et que l'entretien est annulé.

Quelques minutes plus tard, d'un ample mouvement, je casse le bracelet grigri aux mille perles qui me rappelle de remercier la vie pour ses bienfaits. J'en ramasse tous les morceaux à quatre pattes dans l'espoir de reconstituer le bracelet dès ce soir.

À 15 heures, mon fils me prévient qu'il s'est absenté de Paris pendant une semaine, ce que je savais, avec mon trousseau de clés de la maison, ce que je ne savais pas. Vers 15 h 15 enfin, le brocanteur auquel j'ai acheté un meuble avec le projet de ranger mes livres m'annonce que l'étagère a pris l'eau pendant la nuit et qu'il n'est pas certain de pouvoir la remettre en état. Le meuble est payé.

Le sort s'acharne. Est-ce une authentique journée de merde ? C'est en tout cas l'occasion de sortir les bonnes lunettes et de dialoguer avec ma part de pessimisme.

Je suis déçue de l'annulation de l'interview, mais soulagée. J'ai, en fait, une extinction de voix et je pensais déjà avec inquiétude au lendemain. J'anticipai devoir passer du temps sur Internet à chercher les recettes miracles des cantatrices aphones. J'ai apprécié le petit supplément de temps qui m'était accordé et le calme intérieur que cela m'a procuré.

Le fracas de mon bracelet m'attriste parce qu'il m'avait été rapporté par mon amie Laurence, souvenir d'une île que nous aimons toutes les deux. Mais j'ai pu sauver toutes les perles et la médaille qui dit « Merci » dont je l'avais muni. Je vais pouvoir lui adapter un nouveau fermoir plus solide.

Les clés en route vers Berlin vont m'obliger à m'organiser différemment. Casser la routine, coordonner la famille pour échanger des trousseaux, faire appel à un voisin ou à un paillasson de l'immeuble. C'est possible.

Il reste le meuble et je regarde la pile de livres au sol. Je me réjouissais ce matin de pouvoir l'héberger dès ce soir. Triée et classée, elle attendait son ascension. Et bien, elle restera à sa place. Toujours triée et toujours classée. Je ne sais pas si le meuble pourra être sauvé, mais le marchand était sincèrement embêté. Et si la bibliothèque est irrécupérable, je pourrai retourner chiner.

Dehors, la pluie vient de s'arrêter.

C'est bon, finalement, de pouvoir changer d'avis sur la même vie.

Ben-Shahar insiste sur le réflexe qu'ont les gens heureux à ne jamais gâcher une bonne crise ou contrariété. Tout ne se déroule pas toujours pour le mieux, mais nous sommes tous capables d'en extraire le meilleur en posant un regard neuf sur une même situation.

Développer son optimisme
en racontant le meilleur de soi-même

À la suite de l'exposé sur l'optimisme, on nous propose de reproduire la première expérience systématique sur l'optimisme, réalisée par Laura King à l'université de Missouri-Columbia. Les participants se sont rendus dans son laboratoire quatre jours de suite.

À chacune de leur visite, ils recevaient l'instruction de décrire, pendant vingt minutes, la vision idéale qu'ils avaient de leur avenir.

L'exercice consiste à passer en revue toutes les facettes de sa vie : ses amours, son travail, sa famille, ses rêves, ses apprentissages, ses engagements, ses lieux de vie, etc. Il importe de parler de ses envies et de ses objectifs profonds en les imaginant atteints. Il n'y a pas d'autre limite que sa propre imagination.

Dans la pièce voisine, d'autres participants écrivaient aussi pendant vingt minutes sur des sujets divers, sans rapport avec le bonheur ou l'avenir.

Les résultats ont démontré que les vingt minutes consacrées à cette description d'avenir idéal ont presque instantanément amélioré l'humeur des volontaires, développé leur niveau de bonheur pendant plusieurs semaines et amélioré leur santé. La même expérience a été répétée avec une seule visite au laboratoire, suivie de quatre semaines de moments d'écriture à la maison. Les conclusions étaient identiques.

Alors nous avons essayé.

J'ai commencé par paniquer. Je me projette si peu que ma première réflexion a porté sur la nature de mes ambitions. Et si, en les couchant sur une feuille, je les trouvais médiocres ? Si le point de départ de l'exercice me décevait d'emblée ?

Je commence.

La première phrase parle d'un roman que j'écrirais, plein de personnages inspirés de mes rencontres. Je ne me l'étais jamais dit aussi clairement. Le reste du texte décrit des transformations dans la maison, les succès et les joies de mes enfants, la profondeur de mes relations, un nouveau job épanouissant, de l'amour toujours plus serein. Je ne vous donne pas tous les détails. C'est intime quand même ! Mais justement, c'est doux, cette intimité encourageante avec soi. J'ai pu frimer tant que je voulais, je n'épatais que moi. C'était bon.

J'ai trouvé l'exercice joyeux, car il s'enfile comme le bracelet de perles de Laurence. On monte de plus en plus haut, de plus en plus loin, et y introduire un projet comme une nouvelle breloque est exaltant. Je me suis sentie légère et excitée en m'enfonçant sur mes différents chemins. J'ai éprouvé une sensation de chaleur en l'écrivant.

Ne regarder que le bon et considérer les choses comme possibles, sans ressentir la charge des obstacles, m'a mis de fort bonne humeur. Mes envies ne sont pas nulles, comment pourraient-elles l'être ? Ce sont les miennes et j'en suis le seul témoin sur cette feuille. Parler de l'avenir pose les pierres de maintenant.

Comme l'écriture est un exercice structuré, la pensée ordonne naturellement les étapes entre le long terme, le moyen terme et tout de suite. Les premiers pas se définissent d'eux-mêmes.

Pour les chercheurs, un tel exercice révèle nos vraies envies, nos motivations sincères, nos priorités, nos émotions et le fond de notre cœur. Il peut nous aider à concilier des objectifs contradictoires et à mieux isoler les obstacles. Il développe la sensation rassurante d'avoir son mot à dire sur son propre futur.

Dès la seconde fois, la démarche se précise. Je vois encore plus grand, mais encore plus près aussi. Mon pessimisme a cru que cette réflexion ne m'était pas accessible, mais elle l'a été.

Je fais des progrès.

C'est un moment que je vous conseille ! Décrivez le meilleur de vous-même à l'avenir. Entrez dans les détails, identifiez les obstacles et proposez alors des solutions. Ce qui vous semble irréaliste aujourd'hui ne le sera pas nécessairement demain. Je le refais de temps en temps comme un petit coup de fouet pour m'élever hors de mon bocal, c'est un dialogue qui n'engage que moi.

3
Connaître sa monture

« *J'ai décidé d'être heureux, parce que c'est bon pour la santé.* »

Voltaire

Juste après avoir passé mon bac, à l'issue d'un court voyage à l'étranger, je devais, comme chacun d'entre nous, choisir une orientation. J'avais deux copains aux Arts décoratifs. Ils organisaient à l'époque leur première exposition. Je les regardais avec envie, car leur chemin était tout tracé. Quelle chance !

Je rêvais d'avoir moi aussi un talent, car, dans mon esprit, un talent est nomade et s'exerce en toutes circonstances. Je pressentais surtout qu'il offrait une source de satisfaction intarissable : le plaisir de se réaliser et de se lever le matin avec impatience pour se mettre au boulot. À dix-sept ans, cette sensation-là me semblait déjà essentielle. J'en avais tellement envie que je me suis essayée au dessin et à la peinture. Inscription dans une école d'arts appliqués. Achat de mon premier matériel un peu sérieux. Ces écoles ne sont pas faites pour ceux qui veulent apprendre, mais pour ceux qui savent. Elles aiguisent les compétences, mais ne laissent aucune chance aux débutants. Le résultat fut un désastre. Des notes accablantes et des commentaires humiliants sur mon travail. L'enseignement n'encourage pas toujours…

Deux mois plus tard, j'étais dégoûtée et résignée. Mon raccourci n'avait pas fonctionné et une piqûre de pigment n'avait eu sur moi aucun effet artistique. Le voyage vers ma vocation avait commencé, mais je n'en voyais pas du tout la destination.

Se former à une nouvelle discipline sans capitaliser sur ce que l'on est déjà n'est pas la solution. Une compétence bien exploitée se branche sur une force déjà en place. Le propos de la psychologie positive est précisément de nous aider à identifier ces forces. S'épanouir, c'est les connaître et s'en servir. Écouter ses vraies envies pour développer sa capacité, justement, à profiter du voyage plutôt que de se focaliser sur la destination. Choisir des objectifs qui nous tiennent à cœur, exprimer ses qualités, apprendre à récupérer, prendre son temps, aimer être imparfait et savoir s'entourer, nous apprennent à nous connaître et à capitaliser sur qui nous sommes.

Rencontrer sa vocation

S'il existait un distributeur des cartes routières de vies épanouissantes et sur mesure, l'attente y serait certainement très longue. Pénélope, qui a maintenant dix-sept ans, m'a avoué la semaine dernière avoir compris que sa vie ne se déroulerait pas comme elle l'avait prévu. Comment cela ? « J'ai toujours pensé que je passerai mon bac, que je partirai à la fac, que j'y rencontrerai mon mari et que j'aurai des enfants. À l'aube de tout cela, je me rends compte qu'il y a plus de choix à faire que je ne pensais et que la vie peut prendre beaucoup d'autres formes que celle-là. Je sens surtout que c'est plus compliqué que prévu. » Je l'ai serrée dans mes bras. Bienvenue chez les grands.

Pour aider Pénélope, comme sa mère d'ailleurs, à se lancer du meilleur pied possible, la question principale est de savoir par quoi commencer. Seligman insiste sur un postulat à la racine de notre bonheur : développer ses qualités plutôt que corriger ses défauts. Je n'ai aucun talent graphique, mais je dois en avoir d'autres. Un début de vie professionnelle, amoureuse ou relationnelle se dessine en accumulant les expériences. À force de se mettre en situation, on découvre mieux ce que l'on aime ainsi que *ce à quoi on est bon*. Et lorsque le paysage se précise, il convient de creuser le sillon d'une possible vocation en répondant aux trois questions suivantes :

– Qu'est-ce qui m'est le plus important ?

– Qu'est-ce qui m'est le plus agréable ?

– Quelles sont mes forces ?

Tal Ben-Shahar raconte son entrevue avec l'un de ses professeurs alors qu'il se demandait quelle direction prendre au cours de ses études.

« Il existe un exercice, lui dit le professeur.

– Liste ce que tu veux faire.

– Identifie maintenant ce que tu veux *vraiment* faire. C'est une nouvelle liste.

– Enfin, tu en dresses une troisième, celle de ce que tu veux *vraiment vraiment* faire.

Et c'est cela que tu vas faire ! »

Ces choix sont difficiles, mais nécessaires. Lorsqu'on se retrouve face à de nouvelles options, ou que l'on végète dans ses occupations en cours, c'est une méthode à appliquer. Car cela plante un terreau de satisfactions prometteuses. Il est parfois difficile de résister à la pression sociale, à l'opinion de ses parents ou au regard de ses pairs. Dans ces moments d'orientation, il importe de se demander aussi dans quels domaines de sa vie on progresse encore et on continue toujours à apprendre. À dix-sept ans, on progresse presque partout ; à plusieurs fois dix-sept ans, la question vaut toujours.

Tal Ben-Shahar voulait être joueur professionnel de squash, il a poussé l'entraînement et les championnats jusqu'à la première marche du podium, mais c'est dans l'enseignement qu'il s'est finalement le mieux exprimé.

Après mon expérience de marche sur le feu, je me suis intéressée de plus près au développement personnel et au déploiement du potentiel humain. D'une fac de cinéma où j'attendais toujours mon génie, je suis passée à la psychologie. J'occupais, le temps de mes études, un job d'assistante dans un cabinet de formation qui enseignait la programmation neurolinguistique (PNL). Je photocopiais les livrets des participants, je distribuais du café et changeais les feutres desséchés. La technique de communication enseignée par Genie Laborde, ma patronne, était vivante et pratique. Je participais aux exercices quand il manquait un participant et développais ainsi mon éventail de rapports avec les autres. Un matin, Genie était trop malade pour assurer l'animation du séminaire en cours. Elle m'a annoncé au téléphone à 6 h 30 que je la remplaçais. « Tu es tout à fait prête, je compte sur toi, appelle-moi ce soir, bonne journée. » Et voilà.

Pétrie de trac, du haut de mes vingt et un ans, j'ai improvisé, bien plantée sur mes deux jambes, comme elle me l'avait appris. J'ai survécu à la journée et à son lendemain. Je me suis glissée dans cet habit-là mi-terrorisée, mi-exhaltée, mais je me suis régalée. Jamais je n'avais encore ressenti un tel plaisir en appuyant sur les bons boutons à l'intérieur de moi. Ce talent que je cherchais prenait forme. J'aimais parler devant un groupe, avoir peur de le faire, sentir l'intérêt et l'implication de mes interlocuteurs et intégrer leurs commentaires et réactions au programme. Je surveillais le temps, je prêtais attention au bien-être des uns et des autres, j'étais aux commandes pour quelques heures et, surtout, je partageais ce que j'avais appris dans un état de concentration absolue. J'étais vraiment Florence.

Dans le *Cercle des poètes disparus* (Peter Weir, 1991), l'un des héros annonce : « La vie est trop courte pour faire tout ce que j'ai à faire et à peine trop longue pour faire tout ce que je veux faire. » Je détenais enfin ce que je voulais *vraiment vraiment* faire, mais j'étais encore loin d'être « arrivée ».

Apprendre à profiter du voyage

Combien de fois n'ai-je réalisé l'importance de ce que j'avais vécu qu'a posteriori ? Il m'est difficile de me projeter dans le futur, mais parfois déjà, de profiter du présent. C'est pourtant en se concentrant sur ce que l'on vit au moment où cela se produit que nous pouvons éprouver des montagnes de satisfactions.

David Watson, chercheur spécialiste de l'humeur affirme que c'est de poursuivre un objectif, bien plus que de l'atteindre, qui alimente le bonheur et le bien-être. On se dit qu'on sera tellement heureux quand... Quand on aura trouvé le bon appartement, rencontré le bon compagnon, terminé un projet, fini de ranger, etc. La quête est pourtant plus nourrissante que le résultat. Parce que nous nous adaptons assez rapidement à toutes les situations, atteindre son objectif ne procure qu'un vertige passager. La vie à ressentir dans toute son intensité se trouve entre le point de départ et celui d'arrivée.

Alors que je suivais les enseignements de Ben-Shahar, ma famille et moi avons déménagé avec le projet de nous installer dans un appartement plus petit au cœur de Paris. En quittant la maison précédente, nous avions l'espoir de conclure un achat dans les trois prochains mois. Confiants dans l'enchaînement des événements, nous avons demandé asile à mes parents. Ils ont accepté de nous héberger dans une annexe à côté de chez eux. Un petit appartement où, en poussant un peu les murs et les meubles, quatre d'entre nous sur cinq pouvaient dormir confortablement. La décision fut prise d'emporter seulement un ordinateur et nos vêtements de saison. Tout le reste irait séjourner au garde-meuble. Mon fils aîné passerait ces quelques semaines chez nos cousins qui le recueillaient joyeusement.

Quelques jours après notre installation provisoire, une visite de l'habitation convoitée avec un architecte a figé notre élan. Les travaux de rénovation nécessaires étaient pharaoniques. Inquiète, je ne savais plus où nous allions atterrir.

La chasse a repris. Concentrée sur l'objectif de trouver un toit qui nous plaise dans les meilleurs délais, je cumulais les déceptions et mon moral stagnait. Surtout, je ne profitais pas de toutes les merveilles qui se mettaient en place dans ce moment de vie intermédiaire. Il m'a fallu beaucoup d'espoirs déçus par des visites de lieux trop sombres, mal situés ou mal fichus pour commencer à percevoir la saveur de la vie dans notre « caravane ».

La recherche a finalement duré deux ans. Deux ans en suspens, avec le minimum d'affaires et d'espace, mais un maximum de proximité. En regardant ces deux années dans le rétroviseur, nous avons adoré vivre entassés. Une fois nos repères et nos habitudes modifiés, allégés de nos responsabilités matérielles, nous avons surtout profité les uns des autres, du voisinage de nos parents et de la familiarité d'un immeuble et d'un quartier dans lequel j'avais grandi. Notre fils aîné, de son côté, tissait des liens fraternels et profonds avec ses cousins, découvrait une autre façon de vivre. Un jeune homme gâté par la richesse d'un nouveau bocal. Autonomie, intégration, amitié, amour, il s'est enrichi sur tous les plans. Le jour du retour des camions de déménagement, nous étions impatients de nous installer et d'atteindre enfin l'objectif tant attendu, mais nous sommes partis le cœur serré de quitter tant de chaleur.

Marcher ensemble a été la vraie expérience de cette transhumance. Je pensais, au moment où je fermais les premiers cartons, pétrie par le stress, que nous serions de nouveau heureux le jour où nous les déballerions, dans une hypothétique nouvelle maison. Et lorsque ce jour est arrivé, j'ai espéré de tout cœur que nous resterions aussi heureux que lorsque nous étions nomades.

Ce qui a rendu ce périple aussi plaisant, en dehors de l'inhabituelle proximité familiale, c'est d'avoir vécu ces deux années avec un objectif clair. Nous sommes restés collectivement concentrés sur la recherche de notre prochaine maison, puis sur son aménagement. Le projet était familial, soutenu et encouragé par tous. Nous avons ainsi pu pleinement profiter de cette parenthèse.

Se fixer des objectifs

Selon Ben-Shahar, avoir un objectif est libérateur. Il le présente comme un gisement de bonheur, car cela nous rend plus efficaces et limite les risques de procrastination. La pression des possibilités qui nous fait mal à la tête s'allège et cela réduit notre stress. Connaître sa destination incite à s'investir. Avoir des objectifs à long terme libère le plaisir au quotidien. Ces derniers jouent le rôle d'une rampe le long d'un escalier. Elle trace le chemin et offre du soutien.

L'idée la plus concrète que j'ai trouvée dans ce domaine est le travail de Caroline Adams Miller[1], une élève de Seligman qui soutient l'importance de créer des « listes de vie ». Elle consacre un livre entier à la manière de lister ses désirs pour entreprendre, mesurer ses progrès et nourrir ses ambitions. Mais aussi pour ne pas passer à côté de l'essentiel, de ce qui nous tient à cœur ou risquerait de nous rendre très heureux.

La première liste qu'elle propose est celle des cent choses que l'on veut avoir faites avant de mourir. Quels lieux a-t-on envie de visiter, quelles sensations veut-on éprouver, quelles relations veut-on établir ou rétablir, quelles œuvres veut-on signer ? Certains visent des possessions, d'autres des performances, des fantasmes, des désirs brûlants, des plages de temps. Cette énumération n'est pas destinée à remplir chaque interstice inoccupé de notre vie mais, au contraire, à savoir se mettre en ordre de marche pour aller à l'essentiel.

---

1. Caroline Adams Miller et Dr. Michael, *Creating Your Best Life : The Ultimate Life List Guide*, Sterling, 2009.

Une telle liste ne s'établit pas en une seule fois. On rédige un premier jet, puis on y revient. On y pense dans ses moments d'accalmie, on rajoute des idées, on enlève celles qui se périment. On revisite ses rêves d'enfant ou de jeune adulte, on chasse des regrets éventuels pour les transformer de nouveau en désir. Lorsqu'on est à court d'idée, on s'imagine le héros d'un conte de fée et on reprend à partir de là. On y parle de ses ambitions professionnelles, des reconnaissances qui comptent pour soi, des évolutions que l'on espère. On se projette très âgés, on se voit dîner avec Barak Obama ou méditer avec le Dalaï-Lama. Si c'est cela qui nous tente.

Lorsqu'on cale de nouveau, on prétend qu'il ne nous reste que six mois à vivre. Pardonner, rire plus souvent, prendre le temps d'aimer, ne plus être freiné par l'opinion des autres trouvent alors leur place dans les projets. Les dix derniers points de la liste adoptent un angle rétrospectif. Si je devais disparaître ce soir, qu'est-ce que j'aurais aimé avoir ressenti, vu, dit et accompli ? C'est une liste vivante. Un point d'appui, de tri, de départ, et un coup de pied au cul quand nous nous laissons porter par le quotidien.

Depuis 2004, un site Internet américain[1] recueille les aspirations de ses concitoyens. Plus d'un million d'internautes y partagent leurs ambitions. D'un clic, on peut afficher ses objectifs, en adopter ou encourager quelqu'un. C'est la plus grande communauté de projets. Les entrées y sont éclectiques. On peut y trouver des idées et y jeter les siennes sans autre conséquence que de les partager. Plus

---

1. www.43things.com

de douze mille Américains veulent apprendre à parler le français, mais on y trouve aussi : ne plus me servir de sacs en plastique, lire tous les livres que je possède, s'embrasser sous la pluie, apprendre à jouer de la guitare, dessiner mon tatouage… Perdre du poids, ne plus procrastiner, écrire un livre, tomber amoureux et être heureux occupent les cinq premières positions. Mais ce n'est pas la popularité d'un objectif qui en crée la valeur. C'est son importance pour soi qui lui donne tout son sens. L'onglet le plus inspirant du site est celui où les internautes évoquent les objectifs qu'ils ont atteints. Ils précisent comment ils s'y sont pris, ce qu'ils ont appris, ce qu'ils conseillent aux autres et les ressources dont ils ont eu besoin. Ambre s'est fabriquée une robe en papier adhésif. Ça lui a pris trois semaines et ça l'a rendue fière. Elle publie une photo d'elle scotchée dans sa tenue. Caroline a engagé la conversation avec un inconnu. Il lui a fallu deux ans pour y parvenir et elle a eu l'impression de sauter d'un pont. Son conseil aux internautes est de se lancer et de ne pas se retenir. Un café à la main lui a facilité la tâche. Bernard a écrit une chanson en une journée seulement et Martin a mis deux mois à rejoindre un parti politique.

Les Prs Meyer et Diener ont exploré l'importance des objectifs dans notre fonctionnement et concluent : « Le bonheur ne provient pas tant de l'expérience de situations passives désirées que de notre engagement actif dans une activité à laquelle nous accordons de la valeur et qui nous rapproche de nos objectifs. » L'action nous rend heureux lorsqu'elle pointe dans une direction qui compte à nos yeux.

De manière générale, nous avons tendance à surestimer ce que nous pouvons accomplir en une heure ou en une semaine et à sous-estimer ce que nous pouvons réaliser en un mois ou en un an. La liste écrite nous donne une meilleure mesure de la route à suivre et équilibre les projets.

Ben-Shahar voit trois autres avantages à prendre le temps de définir des objectifs :
- Ils nous centrent et nous concentrent.
- Ils nous rendent plus résilients face aux difficultés. On se relève et on continue avec une bonne raison. Si mon action à un sens, j'ai plus de chance de la réussir et de surmonter les obstacles.
- Ils nous rendent auto-efficaces. Mieux nous définissons ce que nous voulons obtenir, plus nous nous donnons les moyens d'y parvenir et plus nous capterons les informations extérieures qui faciliteront sa réalisation. On ne se dit plus : « Je pourrais trouver », mais : « Je vais trouver. » Car on sait ce qu'on cherche.

Le plaisir de la vie ne se trouve donc pas à l'arrivée, mais tout au long de la promenade. La réussite malheureuse existe, elle aussi. Elle concerne ceux qui confondent le succès avec les buts atteints, alors que c'est la prise de risque, l'effort et la réaction à l'échec qui alimentent les sensations positives. Pour cultiver son bonheur, il ne faut pas se tromper d'attentes : faire du sport, entretenir des relations profondes avec les autres et savoir profiter des instants peuvent me rendre heureuse. Ce n'est pas de finir ce livre qui me procurera le plus de satisfaction, c'est d'écrire chaque jour, quelle que soit ma forme ou mon inspiration, et de continuer à avancer. Je veille à me le rappeler de temps en temps. Je m'y applique pour ne pas passer à côté de ce que je suis en train de vivre.

Le bonheur ne se trouve pas dans la multiplication des plaisirs, mais à l'intersection d'un objectif qui en vaut la peine et de l'expérience que sa quête déclenche.

Tous les objectifs se valent-ils ?

Un objectif bien choisi accentue la sensation de bien-être, car ce que l'on poursuit est cohérent pour soi. S'il ne l'est pas, on le ressent comme une punition.

Il y a donc deux types d'objectifs. D'une part, les objectifs imposés par l'extérieur : ses parents, son entreprise ou la société. Et, d'autre part, ceux en accord avec ses centres d'intérêt et ses valeurs. Ce sont les objectifs autoconcordants. Leur mise en œuvre nous permet de vraiment nous exprimer. Lorsqu'on a fait l'expérience de poursuivre ces deux types d'objectifs, on est parfaitement capable de ressentir la différence de sensation que provoque chacun. Maria Montessori, en créant sa méthode d'apprentissage pour les enfants, a observé que lorsque ces derniers sont concentrés sur une tâche cohérente à leurs yeux, leurs conflits intérieurs se résolvent et leurs chances de réussir augmentent. De plus, ils le font avec plaisir. Un dicton populaire américain clame : « No pain, no gain. » *(On n'a rien sans mal.)* La psychologie positive insiste sur le contraire.

Pour filtrer son objectif au tamis de l'autoconcordance, on se pose les questions suivantes :

- Cet objectif me permet-il d'exprimer quelque chose de personnel ou d'impressionner les autres ?
- Me donne-t-il des forces et de l'énergie, me motive-t-il ?
- Est-ce que je fais appel à mes qualités pour le réaliser ?

Une fois que l'on est engagé dans une voie cohérente, des « miracles » nous portent et nous assistent. Des hasards heureux comme des rencontres fortuites ou des informations que l'on découvre par accident au bon moment. Des circonstances favorables et des situations inattendues de « synchronicité » placent sur notre route les moyens de poursuivre le chemin que nous avons choisi.

La synchronicité est toujours scintillante, c'est la fée Clochette.

Pendant cette année consacrée au bonheur, des livres incroyablement proches des sujets qui m'habitent m'ont été recommandés, sans raison apparente, au moment où j'en avais le plus besoin. La clarté attire l'information. À tel point qu'il est recommandé de faire attention à ce que l'on projette, car les risques que cela arrive augmentent terriblement.

Sans objectif autoconcordant, on reste à la merci des forces extérieures, contraints de réagir plutôt que de choisir, et les conséquences peuvent être lourdes.

En 1989, le Pr Ellen Langer a lancé une étude dans une maison de retraite. Un premier groupe de résidents était parfaitement assisté dans les tâches domestiques quotidiennes. Le personnel arrosait les plantes, servait les repas et briquait les chambres avec assiduité. Mais l'équipe négligeait volontairement l'hygiène du second groupe. Les habitants délaissés ont eu le réflexe de pallier ces lacunes en se mettant à l'ouvrage, participant ainsi à leur propre confort. Six mois plus tard, le second groupe, toujours actif, était en meilleure santé, moins anxieux et plus autonome que le premier. Dix-huit mois plus tard, on comptait deux fois plus de décès dans le premier groupe que dans le second.

La possibilité de choisir et d'agir nous est vitale. Il faut nous en emparer dès qu'elle se présente. Si on a la chance de savoir ce que l'on aime faire, faisons-le.

Lorsque l'autoconcordance est professionnelle, le plaisir que l'on éprouve dépasse toutes les gratifications qu'un salaire peut apporter. C'est le signe que l'on est vraiment à sa place. Mais si ça n'est pas le cas, Tal Ben-Shahar conseille de se ménager dans sa vie personnelle, même quelques heures seulement chaque semaine, des instants pour faire ce que l'on aime vraiment. Un cours de danse, des conversations enflammées, du temps passé dehors. Ces moments nous renforcent, nous rassurent et nous inspirent pour être plus exigeants sur la qualité de ce que nous voulons vivre en travaillant et dans le reste de notre vie.

Lancer son sac par-dessus le mur

Avoir un objectif ne suffit pas pour voyager. Encore faut-il se mettre en route. L'enthousiasme ne garantit pas toujours la mise à feu d'une envie. Même si un objectif nous tient à cœur, le pessimiste qui réside à l'intérieur de nous peut reporter le démarrage par peur de ne pas aller au bout du plan ou, parfois même, par peur de le réussir.

La parade proposée par Ben-Shahar est pragmatique. Imaginons une promenade dans des collines. Le bout du champ que l'on traverse est clos par un muret. Au pied de celui-ci, deux options : rebrousser chemin et ressortir par l'entrée ou jeter son sac par-dessus le mur pour escalader plus facilement. Une fois que le sac est de l'autre côté, il n'y a plus de retour en arrière possible. Il faut aller le chercher.

Des projets nous trottent dans la tête. Les mille raisons de ne pas les mettre en route aussi. Alors, du bateau de nos peurs, de nos hésitations, de nos doutes ou de notre paresse, lançons nos chaussures sur le quai et allons les récupérer. Réserver un emplacement de vide-grenier, acheter un billet de spectacle à l'avance, s'inscrire à une retraite de méditation, inviter des amis en vacances sont autant de sacs lancés. Un projet de livre reste un projet sans éditeur. Avant d'en écrire la première ligne, j'ai rempli mon sac de tout mon courage. J'ai appelé, écrit, pris rendez-vous et raconté mon intention. J'ai sorti mes idées du confort de mon imagination. Remisant ma timidité, je l'ai fait comme une première étape de mon voyage en prenant le temps de rencontrer chacun et de poser toutes les questions qui se bousculaient dans ma tête. J'ai ressenti, vu et entendu des approches différentes, j'ai choisi et je me suis engagée. Ça semble logique, mais ça aurait pu se passer autrement. J'aurai pu commencer à écrire dans mon coin, sans en parler. Là, mon sac a été lancé. J'escalade depuis pour aller le chercher.

Mon expérience a l'air simple et linéaire, mais je suis bien placée pour savoir que l'engagement amène aussi son lot de doutes et de tergiversations. Il ne suffit pas de tracer une route pour cesser de douter. Alors, les spécialistes nous offrent leurs conseils pour se fixer et tenir ses objectifs plus facilement :

- Les écrire empêche leur évaporation. Prendre gare aux autres urgences toujours tentées de reprendre le dessus.
- Ne pas choisir une *deadline* (*dead* = mort) pour son projet mais le vitaliser en lui fixant un jour de naissance.
- Être précis et détaillé. Faire du sport trois fois par semaine plutôt que se remettre en forme. C'est mesurable.
- Être ambitieux. Choisir des objectifs que l'on a 50 % de chance de réaliser. L'espoir et l'ambition sont de vrais moteurs. Mieux vaut avoir les yeux plus gros que le ventre que de rester frileusement raisonnable.
- Décomposer ses objectifs. En définir les actions à long terme, à moyen terme, puis pour tout de suite. Ellen Langer a démontré que l'on se sent tout à fait capable d'accomplir de petits pas là où les sommets nous paraissent inaccessibles. Fractionner un objectif permet de se tromper en route sans remettre en cause la destination finale.

Dans son application pour iPhone « Live Happy », Sonja Lyubomirsky a conçu un questionnaire destiné à choisir des objectifs et en mesurer la progression. Son téléphone à la main, on peut le faire de son lit, dans les transports en commun ou dans une salle d'attente. On peut aussi le faire tout de suite, sur une feuille de papier.

Filtrer ses objectifs

D'après l'application pour iPhone Live Happy développée
par Signal Patterns sur un questionnaire de Sonja Lyubomirsky.

1. Choisir un domaine de sa vie

○ Famille
○ Amours
○ Société/amitiés
○ Carrière

○ Santé/forme
○ Détente/hobbies
○ Éducation
○ Volontariat/communauté

2. Choisir un objectif

....

....

....

3. En combien de temps veut-on le réaliser ?

○ Moins d'un mois
○ Environ un mois
○ Quelques mois
○ Environ six mois
○ Un an
○ Quelques années
○ Environ cinq ans
○ Environ dix ans
○ Plusieurs années

4. Évaluer l'objectif

On veut le poursuivre parce que :
○ *Il est enrichissant et plein de sens pour moi.*
○ *Il permettra d'atteindre d'autres objectifs ou de satisfaire les attentes de quelqu'un.*

On mesure son authenticité.
○ *Je lui accorde de la valeur et le considère comme mien.*
○ *Il répond surtout au désir de quelqu'un : mon conjoint, un parent, mon patron, etc.*

On vérifie son approche.
○ *Il me rapproche de ce que je souhaite.*
○ *Il m'évite quelque chose que je ne souhaite pas.*

On l'inscrit dans un ensemble.
○ *Il complète mes autres objectifs.*
○ *Il est incompatible avec mes autres objectifs ou constitue un obstacle à leur réalisation.*

On en valide la portée.
○ *Il me permet de faire face à de nouveaux défis, de saisir des opportunités et de varier mon expérience.*
○ *Il améliorera mon environnement.*

On en jauge l'opportunité.
○ *Il est en phase avec mon environnement et mes circonstances de vie actuelle. Il se présente au bon endroit et au bon moment.*
○ *Il n'est pas adapté à cette période de ma vie ou aux circonstances actuelles de celle-ci.*

Si on est satisfait des réponses à l'ensemble des questions, on s'engage en connaissance de cause.

5. S'engager (auprès de soi-même ou d'autres personnes).

- ....
- ....
- ....
- ....
- ....
- ....

6. Choisir le premier pas
Celui-ci, aussi petit soit-il, doit pouvoir être mis en œuvre immédiatement. Le décrire.

....

....

7. L'annoncer !
La proclamation publique ou ciblée d'un objectif multiplie les chances de le mener à son terme. Lorsqu'on suit ce processus sur son téléphone portable, la dernière étape consiste à publier son engagement auprès de ses amis sur ses profils communautaires (Facebook, Twitter, blog, etc.). Le fait d'en parler à quelqu'un est un formidable premier pas.

Utiliser ses compétences

Trouver son talent n'est pas le seul moyen de réaliser son potentiel. Utiliser ses forces et ses compétences est une autre source d'optimisation. Celles-ci s'organisent en deux groupes.

Les compétences extrinsèques sont visibles par notre entourage. C'est ce que nous faisons bien et savons réussir. Elles peuvent se développer ou s'acquérir. J'ai enfin aimé le sport à 40 ans et je n'ai pas toujours su faire la cuisine, expliquer un bilan carbone ou coudre un rideau. J'ai appris à le faire.

Le jour où on ne progresse plus dans un domaine, il ne nous nourrit plus. On se doit alors de partir à la chasse aux nouvelles compétences. Acquérir et utiliser ses aptitudes renforce l'estime de soi.

Les forces intrinsèques sont celles qui nous animent. Elles constituent le carburant de nos efforts. Qu'est-ce qui nous motive et nous donne de l'énergie ? La nourriture crée notre puissance physique et nos talents intrinsèques bien utilisés créent notre vigueur spirituelle. Lorsqu'on les utilise, on se sent vraiment soi, intensément actif et vivant. Est-ce en parlant en public, en racontant une histoire drôle ? Lorsqu'on est engagé dans une conversation passionnée avec quelqu'un, quand on regarde le soleil se coucher, quand on est pris dans un travail de groupe ou lorsqu'on intervient pour défendre ses valeurs ?

Ces forces-là se découvrent avec l'expérience, comme au premier jour de mon animation involontaire. On les reconnaît en les rencontrant, en les vivant, en étant « passé par là ». Elles n'ont absolument rien de théorique.

Les recherches démontrent que, lorsqu'on récompense quelqu'un lors d'une certaine activité, la personne arrête de faire cette activité pour le plaisir. Celle-ci s'apparente désormais au travail. En récompensant, par exemple, un enfant parce qu'il lit, on le prive de la joie de lire par plaisir. Lorsque la motivation est extrinsèque, on se met « au boulot » pour obtenir une récompense ou éviter une punition. Au contraire, la motivation intrinsèque nous fait agir pour notre propre satisfaction.

La sensation d'une performance ultime se trouve à l'intersection de l'utilisation de nos compétences extrinsèques et de notre motivation intrinsèque.

Ben-Shahar voit dans cette réconciliation le socle de nos vocations. Pour certains, ça sera un métier, s'il a la chance d'exister prêt à l'emploi, pour d'autres ça sera une action ou l'exercice d'un univers de compétence. Sa vocation à lui est d'enseigner, nous explique-t-il. « Je le fais aujourd'hui dans une université, mais il y aurait d'autres contextes possibles pour m'exprimer. »

La clé d'une vocation n'est pas tant de définir ce que l'on aimerait vivre que d'identifier ce dont on ne pourrait pas se passer.

Il nous tend ensuite le témoin, à nous de trouver nos vocations.

Je pars alors de mes expériences professionnelles, plutôt éclectiques : formation, décoration, écriture, journalisme télé, enseignement, conception de sites internet et de magasins de jouets.

Je cherche le point commun, le fil rouge de cet enchaînement et je parviens à cette formulation : « mettre le monde en couleur ». C'est précis comme vocation, vous ne trouvez pas ? « Bonjour madame, je viens vous voir parce que je mets le monde en couleur. Que peut-on faire ensemble ? » Je dois pouvoir être plus précise et je continue à réfléchir.

Je me concentre sur ce que je ressens lorsque je lis cette liste de métiers et les images qui me reviennent pour chacun. Les moments les plus forts sont ceux qui me permettent d'apprendre, puis de m'adresser à d'autres. Mon carburant semble être la transmission. J'expérimente, puis je raconte. C'est le point central de tous les jobs qui m'ont comblée. Former les autres, mais pas seulement. Partager mon expérience est déjà un premier pas qui me ravit. J'aime initier et raconter, j'aime découvrir autant que partager ce que j'ai vu. Je révèle toujours mes bonnes adresses, car mon enthousiasme me brûle les doigts. Et de plus, je suis ravie d'enjoliver le tout. C'est cela mettre le monde en couleur. C'est lui donner la teinte que je perçois lorsque je le parcours. Pas pour le stocker dans ma propre mémoire (j'en ai très peu), mais pour vous tendre quelque chose qui pourrait, on ne sait jamais, peut-être aussi vous faire du bien. Ma journée est toujours riche lorsque j'ai pu faire ne serait-ce qu'un peu de cela.

Cette définition-là me semble plus claire et de l'entendre me laisse un goût bien agréable dans la bouche. C'est lorsque j'apprends, puis que je transmets, que je suis Florence. Connaître ses qualités pour se construire grâce à elles est le postulat de la psychologie positive. Pour nous aider à définir nos forces de caractère, ses fondateurs ont créé un outil précieux parce que précis.

Les 24 forces de caractère

En psychologie, le *Manuel diagnostique et statistique des troubles mentaux* est, pour les praticiens, un ouvrage de référence qui propose une description et une classification des pathologies mentales. Les Prs Seligman, Mayerson et Peterson, en posant les fondements de la psychologie positive, ont eu l'idée de procéder, de la même façon, à un inventaire des forces de caractère et des qualités de l'être humain[1]. Ces caractéristiques, pour être valables, doivent s'appliquer aux habitants des deux hémisphères de la planète, quel que soit leur environnement culturel, leur éducation ou leur niveau de vie. Leur

---

1. Christopher Peterson et Martin Seligman, *Character Strengths and Virtues: A Handbook and Classification*, Oxford Université Press, 2004; Christopher Peterson, Nansook Park et Martin Seligman, « Orientations to Happiness and Life Satisfaction: The Full Life Versus the Empty Life », *Journal of Happiness Studies*, 2005.

travail a consisté à recenser nos facettes positives d'après la psychologie, la psychiatrie, l'éducation, la religion, la philosophie, la science et les organisations. Ils ont consulté des points de vue d'Aristote à Lao-tseu en passant, entre autres, par le Talmud, le Coran ou le manuel des boy-scouts ! Pour conserver une neutralité culturelle, ils ont aussi étudié les valeurs positives reconnues par les grandes traditions philosophiques et religieuses et en ont isolé les points communs. Enfin, ils se sont assurés que l'importance accordée à ces forces de caractère est aussi importante chez les Massaï et chez les Inuits que dans leur propre quartier.

Ces qualités définissent nos valeurs, dépassent nos talents et compétences et sont universellement désirables. La ponctualité, par exemple, n'appartient pas à cette liste, car certaines sociétés lui accordent de l'importance, d'autres non.

Enfin, ces forces doivent posséder un opposé « négatif », être mesurables et encouragées par les institutions sociales. Et c'est ainsi que se sont dégagées vingt-quatre forces de caractère, réparties en six grandes catégories appelées « vertus ».

Apprendre à se servir de ses qualités

Cette liste prend tout son relief lorsqu'on prend la peine de répondre aux deux cent quarante questions mises en ligne par les chercheurs pour nous permettre de classer nos forces de caractère. Tal Ben-Shahar nous interpelle. Où se tapit le véritable vous ? Dans la curiosité, l'intimité, l'amour de l'apprentissage, la foi, la capacité à apprécier la vie ? Il nous oriente vers le questionnaire en ligne conçu par Seligman et Peterson. Il est traduit en français et une simple inscription sur le site Internet permet d'y accéder librement[1]. La spontanéité est la seule règle à respecter en vue d'un résultat fiable et immédiat. Je recommande l'utilisation de ce questionnaire, car ses résultats enrichissent le vocabulaire dont l'on dispose pour parler, à soi-même et aux autres, de son fonctionnement en termes positifs et clairs.

J'y ai donc répondu.

Mes résultats apparaissent et je m'empresse d'en lire les premières et les dernières lignes. Les 24 qualités sont classées par ordre décroissant, commençant par celle qui me ressemble le plus, jusqu'à celle qui me ressemble le moins. Mon peloton de tête comprend la curiosité, la créativité, la capacité à aimer et à être aimée, la reconnaissance de la beauté et la joie de vivre. En vingt-deuxième position, je trouve la précaution, en vingt-trois la foi et, en tout dernier, n° 24 : l'assiduité.

Je reconnais dans ces résultats mon besoin profond de couleur, de vitalité, de nouveauté et de connexion avec les autres. Car ce sont les quatre premières vertus de ma liste qui m'apportent cette joie de vivre à laquelle je suis si attachée. Je réalise à cette occasion que j'accorde moi-même moins de valeur à ce qui me vient facilement qu'aux qualités que je ne possède pas ou peu. J'admire l'assiduité de mes proches, de mes collègues et de mes amis. Je rêve d'y avoir moi aussi accès et je me reproche souvent de ne pas plus persévérer. *No pain, no gain*. À l'inverse,

---

1. http://www.viacharacter.org/SURVEYS/SurveyCenter.aspx

avoir des idées ne me coûte pas, c'est même mon oxygène. C'est pour moi si facile que j'en dénigre la valeur.

Dans la manière dont je perçois mon chemin professionnel, le prisme positif prend toute son importance. J'ai non seulement souvent changé de métier, mais je l'ai fait radicalement. Après avoir été pendant dix ans formatrice dans les entreprises, je suis devenue « rideaulogue ». J'ai acheté une machine à coudre. J'ai appris à confectionner des rideaux, car nous avions de nouvelles fenêtres à habiller et ça m'a plu. Je me suis découvert une facilité à inventer des formes et des pliages en tissu que je n'avais encore jamais vus. Je me suis installée à mon compte, j'ai fabriqué des rideaux et proposé des cours de couture express à ceux qui voulaient mettre la main à la pâte. Ce second métier honorait ma reconnaissance de la beauté. J'osais enfin m'essayer professionnellement à l'art de vivre, qui compte authentiquement pour moi. Les séminaires dans les grandes sociétés ne m'apprenaient plus. Ma curiosité étouffait sous la répétition des programmes. Puis, au bout de sept ans, les rideaux ont été remplacés par une intervention régulière dans une émission sur France 5. J'y présentais des thérapies et des pratiques de développement personnel. Compétences requises : dénicher, expérimenter, traduire et raconter. Là encore, un pas de plus avec en prime, de nouveau, la sensation d'appuyer sur mes bons boutons intérieurs. C'est le trac qui me procure ce petit supplément de satisfaction. Je devrai m'en souvenir, la vaillance est ma septième vertu.

Pour combiner la forme et le fond, je me suis ensuite intéressée à la conception de sites Internet. J'ai recommencé à m'instruire, à m'ouvrir et à découvrir. De l'information, de l'ergonomie pratique et une maquette efficace et esthétique. Je me montrais là aussi fidèle à plusieurs de mes qualités en même temps. Encore un petit progrès de plus.

Avant de découvrir cette liste de valeurs, j'aurais avoué, un peu penaude, que je n'ai pas toujours eu de la suite dans les idées. Que mon parcours est « atypique ». Que j'ai exercé plusieurs métiers, au risque d'affoler un futur employeur. Depuis, je peux affirmer que ma carrière est originale parce que je m'exprime dans la nouveauté, la découverte, le défi et la communication d'une information. Que j'ai changé de voie pour étancher ma soif d'apprendre. Que je n'ai qu'une seule vie à vivre, alors je la veux pleine de zeste et de couleurs. Il en va de mon devoir envers moi-même d'exploiter la nature qui m'a été confiée. Je me réalise dans la variété, pas dans la continuité.

Chaque changement de cap pose de nouvelles difficultés, avec son lot d'angoisses et de doutes sur la suite des événements. Avoir besoin de renouveau n'est pas rassurant, mais je suffoque dans la répétition. Je me régale des premières fois. La liste d'expériences que je n'ai jamais reproduites est immense. Je ne suis donc spécialiste de rien, mais finalement capable de tout faire.

J'ai une bonne étoile qui ne m'épargne pas les pointes de pessimisme mais qui met sur ma route de sacrés projets. Partir sans savoir ne me fait pas peur. J'apprends en route. C'est le chemin qui compte. N'est-ce pas ?

Capitaliser sur ses qualités

Parmi nos dix qualités dominantes, Ben-Shahar nous demande de choisir les cinq qui nous nourrissent le plus. Certaines nous sont primordiales sans figurer dans les premières places. L'humour, par exemple, arrive en neuvième position dans ma liste et je suis tentée de la choisir parmi les cinq qui comptent. Je ne suis pas particulièrement drôle. Je ne sais pas spécialement faire rire aux éclats, tout juste ricaner. Mais j'ADORE rire. J'en ai besoin et les personnes qui me font rire m'épatent complètement. Le ressort d'une histoire drôle ou d'une scène comique réussie dans un film relève pour moi d'une création extraordinaire. Alors le matin, je choisis le programme de radio équipé des meilleurs humoristes pour agrémenter les nouvelles et mon secret de jouvence est d'avoir épousé un homme qui me fait toujours rire. Le premier soir où je l'ai croisé, j'ai su qu'il serait le papa de mes enfants parce que je le trouvais drôle. Je voulais cette joie-là chez moi, tous les jours, pour eux et puis pour moi surtout. Aujourd'hui, nos enfants presque adultes nous font rire à leur tour. Pas simplement parce que nous sommes bon public, mais parce qu'ils sont vraiment drôles, boostés par la dérision de leur père. J'adore ça. Toute seule, je n'aurais pas su leur montrer la voie. Un jeune enfant rit en moyenne quatre cents fois par jour. Un adulte plus que dix-sept. Je monte la garde pour m'assurer de conserver ce bonheur-là.

Un second exercice consiste à choisir l'une de ses qualités et l'utiliser consciemment pendant une période donnée. Je déclare donc ouverte la semaine de la gentillesse et de la générosité, ma huitième vertu. Dimanche, j'éradique mon cynisme, m'ayant à l'œil dès qu'un filet de critique, aussi menu soit-il, s'immisce dans mes pensées. L'allure des touristes que je croise au village, les commentaires sur un scandale financier lus dans le journal, l'analyse des difficultés conjugales d'une de mes amies. Je me regarde éviter mes interprétations pittoresques pour me concentrer sur le respect, le cœur et les besoins de tous les protagonistes. La sensation est étrange, mais chaude.

Lundi, je me fixe trois bonnes actions à faire en dehors de la maison. Je tiens la porte de son immeuble à une dame âgée très voûtée. J'offre mon aide pour descendre une poussette dans l'escalier du métro, aide acceptée avec un grand sourire. Ces gestes-là me sont habituels, alors, par défi, je laisse passer des gens pressés devant moi aux caisses des magasins et en montant dans l'autobus. Je m'amuse à constater leur surprise ou leur impassibilité. Ma gentillesse polie rôde, sans être toujours perçue, mais je suis son témoin et cela me fait du bien.

Mardi, j'anticipe les besoins des miens : je prépare un repas élaboré que mon fils trouvera en rentrant de son cours d'auto-école, je fais le plein de fournitures sanitaires et alimentaires pour que chacun ait ce dont il aura besoin sans avoir à y penser, je répertorie les bobos de tous avant de passer à la pharmacie et je collecte les chaussures à faire réparer, direction le cordonnier. C'est une journée zéro économie de temps de ma part. Le soir, je range la vaisselle du dîner sans réclamer d'aide, juste comme ça. Opérer seule me permet de faire les choses à mon rythme. Aujourd'hui, c'est ma tournée.

Mercredi, je suis la mieux « élevée » possible. Je dis bonjour, merci et au revoir à tout le monde, SANS exception. Je m'aperçois que je ne le fais pas toujours. Regarder les gens dans les yeux en les saluant. Serrer plus de mains que d'habitude, embrasser avec sincérité, engager un brin de conversation qui dit : « Je sais que vous êtes là et que nous y sommes ensemble. » Le soir, j'ai plus d'anecdotes à raconter, j'ai échangé plus de richesse.

Jeudi, j'opte pour le tout sourire. Je suis souvent absorbée par mes propres pensées et je ne souris pas si naturellement que ça. Si on tient un crayon horizontal entre les dents, un sourire automatique se forme et la joie s'impose d'elle-même. Je me fixe d'essayer sans le crayon. C'est une journée gagnant/gagnant. Ceux qui me croisent profitent de la joie que j'exprime. Je fais plus attention aux mines arpentant les rues, pas toujours jojos, mais moi je vis plus légère lorsque je me réjouis.

Vendredi, je prends des nouvelles. La veille, j'ai fixé la liste des gens qui me manquent et j'en appelle trois. La règle est de ne pas avoir échangé avec eux depuis plus d'un mois. Je laisse un message sur un répondeur et atteins les deux autres personnes du premier coup. « Je pensais à toi, envie de savoir comment tu vas. » Un déjeuner prochain est fixé et des histoires sont échangées. J'aime me sentir connectée. C'est finalement assez facile de le faire. Il faut juste être déterminé à prendre sur son temps pour l'initier.

Samedi, c'est journée libre, mais le pli a l'air d'être pris. Je me réjouis ce soir-là d'avoir prêté une belle somme d'argent à une amie qui en avait besoin, d'avoir livré un repas réconfortant à mes cousins qui déménageaient, d'avoir reçu un rappel du message laissé la veille et d'avoir discuté avec la voisine d'en dessous d'autre chose que de la fragilité de l'ascenseur.

Résoudre les problèmes à sa manière

Ben-Shahar recommande de tenir un journal de ces semaines de vertus, d'y inscrire les découvertes du jour et les plans du lendemain. L'écriture structure et canalise. Il insiste aussi sur l'opportunité d'utiliser consciemment ses vertus principales pour résoudre les difficultés de la vie.

La première étape consiste à identifier un problème. La seconde à s'appuyer sur ses forces de caractère pour entreprendre de le résoudre.

Sans le savoir, c'est exactement ce qui m'a permis de dénouer notre aventure immobilière. Ma difficulté, à ce moment-là, est de nous trouver un appartement. Sans en avoir conscience j'active sur ce dossier deux qualités que je considère alors comme incontournable en pareille situation : l'organisation et la persévérance (dont je ne dispose que très peu). Je m'inscris sur tous les sites d'annonces immobilières et j'appelle à l'aube dès qu'une description me semble convenir. Je suis aussi aidée par une amie qui se précipite aux visites lorsque je suis bloquée à mon bureau. Nous tenons elle et moi un dossier précis et annoté de nos rendez-vous respectifs. Double dose de persistance. Rien ne nous plaît, je désespère, je m'impatiente et je râle sur la pénurie de lieux qui me feraient vibrer, ne serait-ce qu'un peu. Mon application me coûte du temps et de l'énergie sans me procurer ni satisfaction, ni délivrance. Au cours de ces mois de recherche, je prends rendez-vous avec un masseur

« incroyable, tu verras » pour tester à mon tour ses mains de rêve. Je confirme qu'elles sont très habiles.

Trois semaines plus tard, mon mari me rappelle une invitation à dîner chez un couple de ses d'amis récemment installé dans un quartier qui nous plaît. Je reconnais leur adresse, lue sur une des fiches de visite de mon amie et annotée « trop classique ». Ça y est, ma curiosité est piquée, c'est une soirée avec bonus et je me rends là-bas avec mon œil de chercheuse. Première jolie surprise, la cage d'escalier ovale est magnifique, presque sensuelle. L'ascenseur est encore en bois et en verre. Il grimpe docilement le long d'un vitrail Art nouveau haut de six étages.

L'appartement tout juste rénové scintille à mes yeux après les décrépits arpentés ces derniers mois, les lumières sont douces, le plafond haut perché, l'atmosphère nocturne sympathique et la disposition idéale pour notre mode de vie familial. Certes, il est plus classique que l'usine réhabilitée dans lequel je nous imaginais vivre, mais c'est la première fois que nous nous amusons à nous projeter quelque part.

Nos amis nous confirment que l'appartement au-dessus de chez eux est toujours à vendre et nous organisent une visite pour le lundi suivant. Dimanche matin, il fait un soleil éclatant alors que la météo indique un lundi gris et pluvieux. Ma curieuse intérieure, sensible à la beauté, se réveille. Je veux voir cet appartement de jour, avec une belle lumière extérieure. J'appelle nos hôtes pour leur rendre une rapide visite de luminosité. Situé au deuxième étage, leur appartement n'est pas très clair, mais un étage de plus permet d'espérer davantage de rayons. En descendant les marches vers le rez-de-chaussée, je vois entrer un couple. Je pense connaître l'homme qui porte un sac à dos. Il appelle l'ascenseur. Je cherche son prénom ou le contexte dans lequel je l'ai rencontré. Nous approchons, la cavalcade de mes enfants le fait se retourner. Il me regarde, lui aussi, avec cette impression de déjà-vu. Au moment où il entre dans l'ascenseur, son prénom me revient : « Thibault ? » Il se retourne, je me présente. Thibault est le masseur. « Voilà qui est amusant, que faites-vous là ? » me demande-t-il. Je lui explique ma recherche, mon rendez-vous, ma visite d'éclairage. « Et vous ? » « Je viens vider l'appartement de mon père que nous mettons en vente dans quelques jours. » Il est au cinquième étage. De celui-là, nous n'avions encore jamais entendu parler. C'est là que nous vivons depuis, perchés dans le ciel.

Cette aventure pourrait, pour certains persévérants, relever d'un heureux faisceau de circonstances. Mais en y regardant de plus près, elle est le résultat de la mise en marche des forces de caractère qui sont les plus développées chez moi. C'est en étant proche de qui je suis : admirative des belles maisons, exploratrice de nouveaux massages, exigeante sur la lumière et la vue, que j'ai trouvé notre prochain château. L'assiduité me coûte parce que ce sont les détails imprévus qui me stimulent. Dans cette péripétie immobilière, l'originalité de la situation a tout résolu et je préfère de loin avoir vécu cette histoire-là que celle de la petite annonce enfin ferrée. Il y a eu dans notre affaire des rencontres, un bon repas au second, des peaux massées, de la sensibilité esthétique, de la chance, certainement aussi. Mais la chance est l'intersection entre une vision et des efforts. Canalisées et authentiques, toutes les forces de caractère permettent de franchir des obstacles.

Forces de caractère et vertus

D'après VIA (http://www.viacharacter.org).

**1. Sagesse et connaissance :
ce qui incite à l'érudition.**
- Créativité, ingéniosité et originalité.
- Curiosité et intérêt accordé au monde.
- Discernement, pensée critique et ouverture d'esprit.
- Amour de l'étude, de l'apprentissage.
- Perspective : considérer les choses avec du recul et donner des conseils.

**2. Courage : pour accomplir des objectifs
malgré les obstacles intérieurs et externes.**
- Courage et vaillance.
- Assiduité, application et persévérance.

- Honnêteté, intégrité et sincérité.
- Zeste : joie de vivre, enthousiasme, vigueur et énergie.

3. Humanité : entrer en relation avec les autres.
- Capacité à aimer et être aimé.
- Gentillesse et générosité.
- Intelligence sociale.

4. Justice : pour vivre en communauté.
- Citoyenneté, travail d'équipe et fidélité.
- Impartialité, équité et justice.
- Leadership, capacité à diriger.

5. Modération : qui préserve des excès.
- Pardon.
- Modestie et humilité.
- Précaution, prudence et discrétion.
- Maîtrise de soi et autorégulation.

6. Transcendance : pour trouver un sens à la vie.
- Reconnaissance de la beauté.
- Gratitude.
- Espoir, optimisme et anticipation du futur.
- Humour et enjouement.
- Spiritualité, religiosité, but dans la vie et foi.

Être imparfait

Lorsque j'ai vu arriver le chapitre sur le perfectionnisme dans le cours de Ben-Shahar, j'ai commencé par le sauter. L'intitulé ne me tentait pas du tout. Il le présente comme sa grande spécialité, y ayant consacré des recherches, un mémoire et un livre[1]. Il a lui-même été membre de l'équipe nationale israélienne de squash, a participé aux compétitions de haut niveau et a été champion, a étudié, puis enseigné dans les meilleures universités britanniques et américaines. Il a la raie sur le côté et porte des chemises bien repassées. En bref, je me suis fait « rouler » par son pedigree. J'imaginais une leçon sur ce que la science déduit des comportements des gens qui réussissent tout. Je résistais à cette démarche extrêmement américaine. Je craignais l'incitation à la conformité. Une fois le reste du programme terminé, j'ai quand même pressé sur l'onglet de

---

1. Tal Ben-Shahar, *The Pursuit of Perfect : How to Stop Chasing Perfection and Start Living a Richer*, Happier Life, 2009 ; *L'Apprentissage de l'imperfection* (trad.), Belfond, 2010.

la huitième semaine du programme. Et, malgré mon cursus universitaire convenable, mes cheveux souvent en bataille et l'absence de médailles dans mon CV, je me suis tout de suite sentie rincée à l'eau glacée des bourrasques de descriptions qui me ressemblaient. La quête de la perfection n'est pas une panacée, mais une malédiction. C'est quelque chose que je n'avais pas encore identifié aussi clairement.

La perfection est une cousine germaine du pessimisme. En voici les principales manifestations :

- Se sentir condamné à la victoire ou à l'échec. Il n'y a pas d'entre-deux.
- S'obstiner, quitte à s'enliser dans les détails que l'on est seul à percevoir.
- Dénigrer ses propres victoires.
- S'autocritiquer de manière excessive.
- S'imposer de faire toujours mieux.
- Utiliser ses échecs comme confirmation de sa nullité.
- Ne pas ou peu savourer ses succès.
- Vouloir que le chemin menant à ses objectifs soit dépourvu d'obstacles.
- Se montrer défensif face aux suggestions et remarques.

Le perfectionniste trouve ses exigences parfaitement fondées, puisqu'elles le poussent à travailler. Pense-t-il… Elles le poussent surtout à s'accabler. À force de pression et de remontrances intérieures, il n'est finalement jamais satisfait. Ni de ce qu'il a accumulé ou même réussi, ni de lui-même.

Les témoignages sur ce sujet affluent sur le forum de discussion du cours. Armand a trois maisons, trois enfants, un bateau, une femme joyeuse, et dirige son entreprise. Ça ne lui suffit pas. Il sait qu'il brandit ce palmarès comme preuve aux autres et à lui-même qu'il « réussit ». C'est Cadet Roussel et ses trois maisons. Mais la barre est encore plus haute. Il admet ce jour-là qu'il ne sait pas ce qui le satisferait.

Un perfectionniste se juge si sévèrement qu'il en éprouve aussi des peurs invalidantes qui le retardent ou l'empêchent d'agir dans les domaines importants de sa vie. Ses critères démesurés lui coupent tout simplement l'herbe sous le pied. Et plus quelque chose compte pour lui, plus c'est difficile. C'est la paralysie face au risque qui égratigne l'estime de soi, ce n'est pas le risque. On se fabrique toutes les pièces de cette prison qui, de surcroît, bloque notre créativité.

Là, un carillon familier tinte. À chaque fois que j'ai eu à chercher un nouvel emploi, je me suis retrouvée dans ce cas de figure. Ma liste de critères est faramineuse. D'après elle, je ne peux accepter de travailler que dans un secteur émergeant. Comme la programmation neurolinguistique en 1989, Internet en 1999, le développement durable dix ans plus tard. Je préfère les entreprises à forte notoriété, dont l'activité ou la réputation m'épate. Je ne veux travailler pour personne, mais j'ai besoin d'être encadrée. Je veux être indépendante, mais œuvrer en équipe. Les bureaux doivent être chaleureux et pas trop loin de chez moi. Pour autant, est-ce que je me mets immédiatement en route pour le trouver, ce job idéal ? Pas du tout, je ne sais même pas par où commencer. Aucune annonce n'y correspond. Je considère que personne ne sait mieux que moi ce qui peut me convenir. Et alors ? Je flippe et je marine dans ma liste d'exigences.

Le perfectionnisme, sous sa forme extrême est classé parmi les névroses. Excessif, il entraîne beaucoup de déceptions et de souffrances. C'est une pression abusive que l'on s'inflige au nom des exigences de la société, du système scolaire et parfois simplement pour obéir à son orgueil. C'est un carcan qui nous rend défensifs et nous prive des suggestions d'autrui. Car bien que le perfectionniste avoue avec sincérité son désir d'apprendre auprès des autres, il ne sait pas en accepter le prix, c'est-à-dire avouer ses lacunes et ses erreurs. Il cherche malgré lui à montrer qu'il a raison.

Mais il existe un pendant « positif, adaptatif et sain » au perfectionnisme, que Ben-Shahar a baptisé l'optimalisme. C'est la capacité à changer le dialogue avec soi-même. L'optimaliste est plus réaliste. Il accepte l'idée de devoir faire des choix et des compromis. Plutôt que d'édicter ce qui est *digne* de lui, il se demande quelle est, pour lui, la meilleure vie possible. Il accepte ce que l'existence lui offre et il en tire le meilleur parti. Il définit ce « qui lui ira » plutôt que ce « qu'il doit… ».

Voici ce que sait faire l'optimaliste :
- Apprécier les demi-succès et les échecs sans gravité.
- Changer de point de vue sans se sentir remis en cause.
- Savourer ses victoires.
- Analyser ses actions pour progresser.
- Faire de son mieux.
- Utiliser ses échecs comme information.
- Profiter du chemin qui mène au succès et en éprouver de la fierté.

- Considérer que les échecs font partie de la vie et en tirer des leçons.
- Solliciter les suggestions des autres et les mettre à profit.

Tout cela mis bout à bout permet à l'optimaliste d'éprouver de la reconnaissance pour ses actions. Mais aussi, et surtout, d'accueillir ce que la vie lui offre et d'en tirer le meilleur parti sans courir sans cesse à côté de lui-même.

Personne n'est perfectionniste ou optimaliste à 100 %, mais il est acquis que l'on gagne plus à devenir optimaliste qu'à se cramponner à ses certitudes. Des études ont démontré que les régimes ou les modifications de comportement qui doivent améliorer le bien-être réussissent au bout de cinq tentatives. Ce qui prouve l'importance d'apprendre de ses échecs pour parfaire sa stratégie car l'échec est inhérent au succès. Je me demande alors pourquoi j'aime tant les premières fois. Et je réalise que, au-delà de satisfaire la curiosité qui m'y entraîne, elles me permettent, en réussissant du premier coup, de croire que je réussis tout. En me privant des répétitions, je me prive des risques liés à la maîtrise d'une compétence ou à la satisfaction de faire des progrès.

Pour cheminer vers l'optimalisme, il est conseillé de revisiter un incident a priori négatif de sa vie pour en évaluer les conséquences et y détecter d'éventuels apprentissages. Car c'est ainsi qu'on transforme une destination en voyage.

Je reviens une fois de plus sur la perte de mon job en pleine crise économique. Je me suis reprochée de m'être trompée d'ambition. D'avoir cherché à me faire embaucher dans un contexte qui ne pouvait pas fonctionner selon mes critères de créativité et de valeurs. Et, du coup, de n'avoir jamais pu satisfaire mes interlocuteurs. Quelles conséquences positives à cet épisode ? La plus flagrante est d'aimer autant ce que je fais en écrivant ce paragraphe. Mais aussi d'avoir introduit dans ma routine de nouvelles activités qui me permettent aujourd'hui d'en parler avec recul, voir mes enfants rentrer de l'école en fin de journée, être partie deux fois en voyage et y avoir vécu des moments extraordinaires, avoir pris des cours de cuisine qui m'ont rappelé combien j'aime jouer avec les aliments, avoir approfondi tout le sujet de ce livre en prenant le temps de tester, d'appliquer, de ressentir et de décrire. M'être déplacée plus souvent à vélo, avoir poussé la porte d'une exposition de Murakami dont je suis ressortie avec une litho qui me fait toujours sourire et avoir profité du silence de notre appartement tous les matins de la semaine. En fait, si je cesse de me bousculer et que je savoure un peu la vue, j'aime vraiment beaucoup de choses dans la vie que ce bouleversement a provoqué. Le perfectionniste accorde davantage de valeur à ce qui est mesurable (avoir un job ou non), qu'à l'inquantifiable (les émotions, le sens, la sensation de paix). Mais c'est comme cela que, partie d'une rupture de contrat, mon optimaliste a eu le privilège de naviguer dans un feu d'artifice de découvertes positives ou décevantes, motivantes ou frustrantes, mais, elle le reconnaît ici, surtout enseignantes. Elle avance.

Pour aller loin, on dit qu'il faut ménager sa monture. J'ajouterai qu'il faut aussi la connaître. Se ménager, c'est respecter ce que l'on est, honorer ce dont on a besoin, organiser ce qui nous préserve, choisir les dangers qui font grandir, se réjouir d'avoir les qualités que l'on a et dormir suffisamment pour en prendre soin. Le voyage est ainsi plus fort, plus authentique, plus familier aussi, mais surtout bien plus optimal.

4
Partager trois kifs par jour

« Si la seule prière que vous faites de votre vie est de dire merci, c'est déjà suffisant. »

Maître Eckhart

La première fois que j'ai entendu parler de psychologie positive, je lisais un article écrit par mon cousin David Servan-Schreiber, psychiatre spécialiste des médecines douces et complémentaires. David est très attaché, par sa nature et sa pratique, à ce qui nous guérit l'âme sans effet secondaire. Cet article argumenté parlait du travail de Martin Seligman sur l'expression de la gratitude. J'en ai retenu que les individus qui exprimaient leur reconnaissance et les optimistes, vivaient plus longtemps et en meilleure santé que les autres. Dire merci prenait, à mes yeux, du galon en dépassant les habituelles conventions de politesse. La simplicité de cette découverte m'a donné envie de m'y risquer.

C'est quoi, un kif ?

Exprimer sa gratitude consiste à reconnaître, dans sa vie, ce que l'on a envie de célébrer. Un instant ou une situation qui incite à remercier quelqu'un en particulier ou la vie en général.

On peut s'en parler à soi-même ou à autrui, l'écrire, l'inclure dans une lettre et, mieux encore, lire cette lettre en personne à son destinataire.

Le soir même, pour pouvoir partager cette simplissime découverte avec ma famille dont le plus jeune n'a pas dix ans, je la présente comme ceci. Nous sommes à table.

« Il paraît que si on peut citer trois kifs que l'on a eus dans la journée *(c'était plus concret)*, on vivra plus longtemps.

– Comment ça, trois kifs ?

– Et bien, trois moments, situations, sensations, pensées ou instants qui ont été agréables aujourd'hui. Ça peut être gros, petit, durable, fugace, sans conséquence ou déterminant.

Seul ou avec quelqu'un. Ce qui compte, c'est que ça se soit passé aujourd'hui.

– Maman, tu es lourde avec tes trucs! *(Pénélope, 14 ans.)*

– Alors ça, par exemple, ça n'est pas un kif, ma douce. Un kif, c'est positif, c'est du bon. Personne ne commente, c'est personnel. Si ça te plaît, ça te plaît, il n'y a personne à convaincre. Juste à le dire. »

On essaye ? J'ai commencé.

1. « J'ai lu un article aujourd'hui qui disait que si on citait trois kifs par jour, on vivrait plus longtemps. J'ai trouvé ça étonnant. Ça m'a vraiment excitée. » *(Sourire gourmand.)*
2. « J'ai déjeuné sur la terrasse du bureau, il y avait du soleil, j'ai fermé les yeux, j'avais chaud, c'était bien. »
3. « J'ai croisé Sophie dans le couloir. On s'est dit des bêtises, elle est hyper-joyeuse Sophie, son énergie me fait du bien. »

Ma fille a tordu le nez, mais a embrayé. Le premier est venu tout seul, son déjeuner avec les filles en dehors du collège. En trouver un second l'a « saoulée » et le troisième n'était pas pour aujourd'hui.

Mon mari s'est moqué de ma dernière lubie, mais il a joué le jeu. C'est un homme solaire porté sur les saveurs. Il a trouvé sans peine. Les kifs se posent sur la manche de sa chemise dès le matin et, le soir, il les moissonne.

Notre aîné, méthodique, a fouillé ce mardi à partir du début pour laisser monter les sensations que sa sensibilité capte et organise. Son cours de philo, la descente de l'avenue du Président-Wilson à vélo et le signe de la main que lui a fait Nathalie à la bibliothèque.

Le plus jeune s'est levé de table, comprimé. Notre truc est nul et il s'en fiche. Il n'a pas de kifs, il est en colère contre nous, contre ce jeu.

Ce n'est pas grave. On souffle une ou deux idées pour le mettre sur la voie, il ne les retient pas. Des quasi-larmes de frustration. Ça n'était pas l'idée, mais je comprends que l'émerveillement est un muscle.

Certains d'entre nous peuvent faire un rapport de bonheur instantané en libérant les vannes de leur curiosité et des sensations qui s'y rattachent. Pour d'autres, la capacité à percevoir le relief demande un peu d'échauffement. De se donner certaines autorisations, dont celle de laisser entrer le soleil par tous les coins de soi, sur commande.

Pas évident, la première fois.

L'énergie autour de la table avait changé. Avant même de nous rassembler pour encourager le plus jeune, le climat s'était solidarisé. Entendre les instants ou situations de bonheur des miens était un kif en soi. Quelque chose se soulève dans ma poitrine, un peu d'anticipation, beaucoup d'attendrissement et tellement de joie dans l'air. L'empathie s'installe collectivement et nous relie les uns aux autres. Sentir le plaisir et en découvrir les sources qui irriguent la vie des autres est dément. Tout simplement.

Nous avons recommencé. Régulièrement. Puis parfois nous avons oublié. Nous devenions meilleurs. Les kifs étaient plus variés, plus accessibles. Pénélope a atteint les trois sans peine au bout de quelques soirées. C'est à Léon, le plus petit, qu'il a fallu plus de temps. Trois ans. Oui. C'est plus long que d'apprendre à jouer de la batterie, mais quelle victoire pour lui quand il a pu exprimer trois kifs publiquement. Il les puise au fond de ses doutes, mais il les trouve, il les ressent et il les proclame. Sa mère jubile. Mon fils détient une nouvelle clé pour son bonheur. Il s'est entraîné, il a progressé, j'admire ça chez lui.

Et puis un soir de tensions ordinaires dans une famille attablée, Pénélope a proposé d'elle-même : « Dites-donc, si on veut vivre plus longtemps il faudrait peut-être qu'on fasse des kifs ? »

Faire des kifs ! Nous y étions. Quelle bonne idée ! La lubie de Maman est devenue la réponse à un besoin exprimé d'harmonie, de partage, de sensation chaude et d'unité. Réclamée par mon adolescente chérie. C'était fort.

C'est sa proposition qui m'a donné l'idée de sortir cette pratique de chez nous. À table, à la maison ou chez d'autres. Dans un dîner « en ville », la formule n'est pas courante. Je jette mon sac à chaque fois que je la propose. L'argument de la longévité et d'une bonne santé est la meilleure introduction. Même si on en doute, ça se teste, c'est prouvé. Scientifiquement !

Et à chaque fois la soirée se transforme, on se rapproche, les vannes laissent la place au souffle de l'authenticité.

Mes amis ne sont pas des tendres. Notre humour éclot souvent au détriment de l'un d'entre nous. C'est de bonne guerre et ça ne blesse pas toujours. Or, un kif ne peut être ni critiqué, ni jugé, ni moqué, ça n'est pas dans sa nature. C'est un fait que l'on ne discute pas parce que le kif de l'un est incontestable.

L'émotion de celui qui le partage est un cadeau qui ne donne plus de prise aux moqueurs. Je remercie toujours celui qui vient de nous prêter son kif avant de me tourner vers la personne suivante.

Plus on entend de kifs, plus on aimerait dépasser les trois kifs règlementaires. Ceux des uns inspirent les autres. Les instants reviennent en mémoire : moi aussi j'ai kiffé ça, ou ça me fait penser à…

Un kif, comment ça marche

Cela commence par une sensation de bonheur. Martin Seligman en distingue deux sortes : les plaisirs et les moments de grâce.

Les plaisirs sont des instants stimulants qui éveillent nos sens et nos émotions. Ce sont des sensations brutes et passagères qui ne requièrent aucune réflexion. Un frisson, un orgasme, de l'enchantement, de l'exubérance ou du confort sont des plaisirs. Un plaisir peut être découvert et amplifié.

Les moments de grâce se produisent pour leur part au cours d'une activité dans laquelle nous sommes engagés, mais ne sont pas nécessairement accompagnés de sensations brutes plaisantes. Lorsque nous sommes absorbés par ces activités, nous perdons la notion du temps et nous nous laissons porter. Lors d'une conversation passionnante, dans un moment où l'écriture coule de source, en dansant, en se concentrant, le temps s'arrête, nos forces sont en adéquation avec l'enjeu du moment et nous sommes emportés par le flot de la circonstance.

Les plaisirs

La nature faisant bien les choses, tout ce qui contribue à l'évolution de notre espèce est directement câblé à notre centrale d'émotions positives. Toucher, sentir, goûter, bouger, voir ou entendre peut instantanément nous procurer du plaisir. Le goût d'une cerise dans la bouche ou l'eau chaude qui me coule sur la peau se passe de tout commentaire. L'expérience d'une caresse n'a besoin d'aucune explication théorique pour savoir que c'est bon.

La vue et l'ouïe, bien que moins intenses que le goût et le toucher, provoquent aussi chez nous des réactions rapides. Une musique ou un incroyable coucher de soleil nous bluffent sur-le-champ.

Ces plaisirs se conjuguent et se cumulent. Un bon verre de Chassagne-Montrachet bien frais dégusté sur un fond de musique qui me plaît, dans les bras de celui que j'aime, me procure une émotion sensuelle claire.

Malgré leur intensité, il est difficile de construire sa vie exclusivement autour de ces sources de plaisirs car elles ne peuvent, à elles seules, constituer notre bonheur. Elles sont fugaces – elles disparaissent dès la fin de la stimulation – et accoutumantes : plus elles se répètent, plus il faudra en renforcer l'intensité pour atteindre le seuil de plaisir initial. La seconde gorgée de bière n'a déjà plus le même goût que la première et nous nous lasserons d'une chanson trop entendue. Toujours notre foutue tendance à nous habituer à tout. Il existe cependant deux stimulations auxquelles on ne s'habituera jamais : les bruits fracassants et la grâce de faire l'amour.

Accentuer le plaisir

Personne n'a besoin d'un expert pour apprendre à éprouver du plaisir. Chacun sait à peu près ce qui lui fait du bien, ce qu'il préfère ou ce dont il a envie. Cependant, les études menées sur les émotions positives distinguent trois concepts qui peuvent nous aider à profiter mieux encore de ces instants[1].

Lutter contre l'adaptation

L'ennemi du plaisir brut est l'accumulation. C'est parce que le plaisir s'arrête dès la fin de la stimulation – rire au cinéma, boire du thé chaud ou s'embrasser – que nous souhaitons

---

[1]. Martin Seligman, *Authentic Happiness : Using the New Psychology to Realize Your Potential for Lasting Fulfillment*, Simon and Schuster, 2002.

recommencer immédiatement. Mais, en recommençant, la même action perd de sa saveur. Plus le cerveau fait son travail d'adaptation, plus l'événement se banalise. La première fois crée le séisme initial, les suivantes n'en sont que des répliques déclinantes.

Pour profiter d'une expérience plaisante, il est donc préconisé d'en espacer la fréquence ou d'en limiter la durée. Seligman prend l'exemple d'une bonne glace à la vanille et propose le test suivant :

1. Manger une cuillère de glace.
2. Laisser passer 30 secondes.
3. Si on en a toujours envie, en reprendre une seconde cuillère.
4. Sinon, jeter la glace, etc.

Nos neurones ne sont pas capables de réagir de la même façon coup sur coup. Ils ont besoin d'un temps de récupération avant de pouvoir reproduire une réaction aussi intense. À l'échelle de notre cerveau, plus un événement est redondant, plus ses effets se diluent.

En variant et espaçant les plaisirs, nous en cultivons les potentiels. En créant des surprises plaisantes pour les gens autour de nous *(je t'ai préparé un thé ou écrit un mot gentil)*, nous stimulons leur cerveau grâce à l'inattendu et multiplions les chances de réciprocité de leur part.

Penser à savourer

L'accélération de nos modes de vie appauvrit notre expérience du présent. Toujours cette propension à faire plusieurs choses en même temps. Pris dans une conversation, on prépare la riposte plutôt que d'écouter ce que l'on nous dit. Nous passons à la tâche suivante avant d'avoir terminé celle qui nous occupe et nous ne nous arrêtons que très rarement pour contempler le paysage ou nos émotions.

Deux professeurs de l'université Loyola à Chicago[1] ont créé un nouveau domaine de recherche entièrement consacré à la saveur que nous accordons aux événements. Voici leurs recommandations pour approfondir une expérience :

- Partager le plaisir que l'on ressent avec son entourage. Le fait d'en parler sur-le-champ en accroît l'intensité.
- Prendre une photo mentale ou réelle de l'instant permet de s'en souvenir plus tard.
- Être fier de ce que l'on éprouve, sans pudeur.
- Se concentrer sur les détails, prendre conscience de tout ce qui se déroule.
- Ressentir sans réfléchir. Absorber l'instant sans se demander ce qu'il y a à faire après ou en quoi cela pourrait être encore mieux.

Activer sa pleine conscience

Nous traversons chaque journée, chaque trajet et peut-être même chaque rencontre en ne percevant qu'une infime partie de ce qui se déroule autour de nous. De quelle couleur était le

---

[1]. Fred B. Bryant et Joseph Veroff, *Savoring : A New Model of Positive Experience*, Psychology Press, 2006.

manteau de ma voisine de bus il y a quinze secondes ? Je ne le sais pas. Est-ce que je sens la douceur de mon T-shirt sur mon bras ? Pas spontanément.

Nous fonctionnons automatiquement et aveuglément. Selon Ellen Langer, spécialiste de l'attention, développer ses capteurs est vivifiant. Ceux qui s'ennuient avec leur partenaire ou au travail maintiennent, de leur propre fait, une situation morne. Le monde est naturellement vivant et changeant, et lorsque nous nous ennuyons, c'est souvent notre capacité à percevoir qui paresse. En percevant plus de la même situation, nous vivons plus.

Éprouver des sensations de bonheur est donc une histoire d'ouverture d'esprit, de curiosité et de perméabilité. Nous simplifions ce que nous voyons, entendons et percevons pour ne pas crouler sous les informations. Mais à trop nous organiser, nous passons à côté de détails, de sensations et de scènes entières qui se déroulent sous nos yeux. À notre insu.

La curiosité expose notre organisme à la nouveauté et à un *dérangement favorable* qui le feront réagir. Une histoire drôle nous fait rire si l'on n'en connaît pas la fin. C'est le plaisir de la nouveauté.

Le point de vue que nous adoptons pour observer notre quotidien peut en transformer radicalement l'expérience. Je suis frappée, à chaque fois que l'un de mes enfants me chipe un vêtement, de le redécouvrir sur un autre corps. Et d'éprouver de ce fait le désir de le porter. Dans mon armoire, il n'avait pas du tout le même attrait. Ça me réveille.

La pleine conscience est une faculté qui peut se développer par l'attention et/ou la méditation. Nous y reviendrons.

Les moments de grâce

Les plaisirs bruts ne sont pas seuls à nous nourrir. Dans une même phrase, je peux vous dire que j'aime la chantilly à la vanille, chiner, écrire un livre sur la psychologie positive et renifler mes enfants. Certains de ces moments ou de ces activités m'apportent du plaisir parce qu'elles nourrissent mes besoins fondamentaux. L'effet est instantané.

Chiner et écrire appartiennent à une autre catégorie d'événements. Ce sont des actions qui me permettent de vivre des moments de grâce.

C'est, dans ces cas-là, le fait d'être absorbée par mon activité, d'être emportée par son flux et de suspendre ma perception du temps qui me procure une satisfaction profonde. La grâce n'accompagne pas, ou n'apparaît pas à la fin de mon action, elle s'y entremêle et s'y coule. Cependant, je n'en réalise l'ampleur que lorsque cela s'arrête. Pendant, je suis trop concentrée pour en évaluer l'intensité. Cette sensation-là ne s'obtient pas en cumulant les plaisirs.

Mihaly Csikszentmihalyi (chik-sen-mi-haï) est l'une des figures de la psychologie positive. Il a étudié et défini le phénomène de *l'expérience optimale* en lui attribuant les huit caractéristiques suivantes[1] :

- La tâche entreprise est réalisable, mais constitue un défi et exige une aptitude particulière. On y exerce ses compétences.
- On est concentré.
- La cible visée est claire, on connaît son objectif.
- L'activité en cours fournit un feedback immédiat.
- On est engagé profondément et sans effort, faisant disparaître toute distraction.
- On éprouve la sensation de contrôler ses actions.
- La préoccupation de soi disparaît pendant, mais, paradoxalement, le sens de soi se renforce à la suite de l'expérience optimale.
- On perd la notion du temps.

Lorsque je cuisine, lorsque je lis un roman en vibrant avec ses personnages, lorsque mes doigts enchaînent l'écriture d'une lettre au rythme de mes émotions, lorsque je plie du linge propre et chaud, lorsque je fais l'amour, lorsque j'enseigne, lorsque je descends une piste de ski, lorsque je cours dans la ville semi-réveillée, lorsque je ris avec mes amis, lorsque j'écris un SMS à quelqu'un que je veux toucher, le

---

[1]. Mihaly Csikszenmihalyi, *Vivre. La psychologie du bonheur* (trad.), Robert Laffont, 2004.

temps s'arrête. Je suis présente à cette activité pour elle-même à cet instant précis.

C'est un état qu'aucun produit chimique, ni qu'aucune sensation physique, ne peut provoquer à lui seul. Il n'existe aucun raccourci pour l'atteindre, car elle ne repose ni sur nos sens, ni sur nos émotions, mais sur une action conjointe avec nos forces, notre mérite et l'utilisation de nos compétences à ce moment-là.

Les gratifications durent plus longtemps que le plaisir, impliquent de la réflexion et de l'interprétation. Elles reposent sur nos qualités puisqu'elles en sont l'expression.

Pour parvenir à ces conclusions, Csikszentmihalyi a mis au point un système inédit d'observation de ce qui nous rend heureux. Des volontaires équipés de bipeurs sont sollicités de façon aléatoire par un signal sonore et doivent alors décrire leur activité du moment et leur niveau précis de satisfaction. Les chercheurs dépouillent des données qui arrivent des quatre coins de la planète, permettant ainsi de croiser et d'accumuler des quantités d'expériences variées.

Il en ressort, notamment, que paradoxalement, si les gens semblent aspirer davantage au plaisir pendant leurs moments de loisir, ils connaissent en fait plus d'expériences optimales à leur travail. Un travail requiert de la concentration, limite les distractions et fait appel à nos aptitudes dans le cadre d'un objectif. Nous y recevons, de plus, du *feedback* de personnes autour de nous. C'est pour cela que nous pouvons nous sentir plus engagés dans nos tâches professionnelles que dans celles à la maison. Apparaît aussi le besoin de réalisations concrètes comme source de détente et de loisirs. Lézarder sur la plage ne sollicite pas les caractéristiques d'une expérience optimale chez tout le monde.

Les observations de Csikszentmihalyi confirment à leur tour que les gens qui pratiquent des loisirs dispendieux – par exemple, conduire une voiture ou un hors-bord – sont moins heureux que lorsqu'ils déclarent des activités peu coûteuses : bavarder, jardiner, cuisiner, etc. Les loisirs passifs, tels que regarder la télévision, génèrent pour leur part peu de satisfaction, mais ils occupent une autre fonction.

L'état naturel de notre conscience est le chaos. Notre bavardage intérieur est incessant et, sans la présence d'un objet ou d'une stimulation extérieure, nous sommes incapable de nous concentrer sur une pensée plus de quelques minutes. Pour pallier cet état naturel et fonctionner malgré tout, nous avançons en pilotage automatique, remplissant nos journées d'une multitude d'activités qui engagent notre concentration. Mais lorsque nous nous trouvons seuls et que notre attention n'est plus sollicitée, le chaos revient et l'esprit qui vagabonde a une tendance naturelle à s'arrêter sur des choses désagréables ou vides et sans intérêt. Pour y mettre fin, nous sommes tentés de le remplir avec n'importe quelle information disponible. C'est ce phénomène qui explique que beaucoup de gens ont recours à la télévision alors qu'elle ne procure en réalité que très peu de réelles satisfactions et que regarder ses programmes n'engage aucune des caractéristiques d'une expérience de flux, source de l'état de grâce.

Pour éviter ces moments de chaos, Csikszentmihalyi recommande de reprendre le contrôle de sa conscience au lieu d'allumer le téléviseur ou manger du Nutella. Il cite le rêve éveillé, qui consiste à imaginer consciemment des situations qui nous intéressent et à se laisser aller aux projections qui nous tentent. Visualiser ce dont on a envie ou réparer dans son imagination un grief en cours n'apporte que des bénéfices : celui de reprendre le contrôle de son esprit, celui de se projeter, celui d'entrevoir de nouveaux objectifs et celui de laisser la pensée associer d'elle-même de nouvelles images qui déclenchent notre créativité. Traiter sa colère, par exemple, en imaginant la situation se résoudre ou le fruit de notre rage puni à son tour nous fait beaucoup de bien. Mais l'écriture, un hobby, une conversation, du sport, des jeux, de la musique, de la poésie et du bénévolat fournissent toutes les caractéristiques de loisirs actifs qui auront plus vite fait de museler nos pensées négatives et nous offrir des moments de grâce.

Les expériences optimales ont la particularité de nous rendre encore plus uniques et de renforcer notre individualité. C'est d'ailleurs à la suite de ces moments-là que l'expérience d'être soi est savoureuse. Plus nous en traversons, mieux nous nous sentons, et meilleure est la qualité de notre vie. Cependant, ce dont nous nous souvenons comme agréable au final n'a pas nécessairement été plaisant pendant que nous le faisions. Cuisiner un repas de fête, animer un séminaire ou écrire un livre peut générer différentes émotions à différents stades : irritation, manque de temps, angoisse, doute, procrastination, pression, sensation de solitude, etc. Pourtant, ces activités me rendent heureuse. Élever des enfants rentre tout à fait dans cette catégorie, où le positif finit toujours par l'emporter sur les difficultés bien réelles.

En écrivant cette page, inquiète de ne pas tenir la date de remise du manuscrit, mais contrainte de quitter ma table pour préparer le déjeuner de nos invités et morte de soif, je soupire. De plaisir. Je n'échangerai ma place, ici même, contre rien au monde. Un après-midi de travail me tend les bras et j'ai hâte de pouvoir revenir pester et douter sur mon clavier.

Nous avons tendance à penser que nous serons légèrement plus heureux dans le futur que dans l'instant présent. Quand nos amis seront arrivés, quand la voiture sera lavée, quand on rentrera de voyage. Heureusement, me direz-vous, cela maintient le plaisir de continuer sa route. Mais ce qui, au gré des plaisirs et des moments de grâce, nous apporte un surplus de bonheur, est de grandir. De continuer à nous développer et à étirer nos frontières.

Parce que nous nous adaptons à toutes les circonstances, l'amélioration de notre situation (mettre en marche l'air conditionné s'il fait chaud, être promu dans un nouveau job) et nos privilèges nouvellement acquis (des vêtements neufs) se banaliseront à nos propres yeux. Nous pouvons cependant compter sur nos expériences de flux pour accentuer notre joie de vivre.

Seligman compare les plaisirs à l'acte de consommer. Le goût d'une framboise ou la sensualité d'un massage sont de vrais délices, mais ne nous construisent pas car ces sensations ne peuvent pas être stockées. Inversement, lorsque nous faisons l'expérience du flux qu'il décrit, nous investissons dans notre capital psychologique. Nous construisons nos ressources pour faire face à l'avenir et ses déboires éventuels. Ces observations militent en faveur de notre capacité à renoncer à un plaisir pour lui préférer une expérience de flux. En gros, à lire un livre plutôt que d'allumer la télé.

Cependant, pour bénéficier de la puissance des trois kifs par jour, les deux font parfaitement l'affaire.

Remercier

Ce qui transforme un plaisir ou un moment de grâce en kif est simplement d'en éprouver de la gratitude, d'avoir l'élan de dire merci. Car ce sont les activités ordinaires et banales qui créent des vies merveilleuses dès lors que la merveille nous frappe. Au cours d'une journée, les sensations et les émotions s'accumulent, les situations, les événements et les goûts se multiplient, mais on se prive de la moitié d'une expérience positive si on ne prend pas la peine de la célébrer.

Pour Sonja Lyubomirsky, exprimer sa gratitude est une « métastratégie » pour être heureux. C'est faire preuve d'émerveillement, être capable de voir le bon côté d'un revers, remercier quelqu'un (une personne de son entourage ou une instance supérieure) et compter ses « privilèges ». Mais c'est aussi se permettre de savourer ce qui passe, de ne pas considérer que tout est dû ou normal et savoir percevoir l'intensité du présent. C'est avoir reçu un don, matériel ou non, d'en apprécier la valeur et/ou l'intention de celui qui l'a offert ou mis sur votre route. Et d'en éprouver de la reconnaissance.

La gratitude libère de l'envie : la reconnaissance de ce que j'ai m'exonère du désir d'autre chose. Cela nous permet de mieux vivre avec ce que l'on possède déjà et d'être plus généreux. Ressentir et exprimer sa reconnaissance est un formidable antidote contre les émotions négatives, l'hostilité, le tourment et l'irritation.

Exprimer sa gratitude, c'est beaucoup plus que dire merci. Les recherches faites sur cette pratique révèlent que les personnes reconnaissantes sont, dans l'ensemble, plus heureuses que les autres. Elles ont plus d'énergie, sont plus confiantes et ressentent plus d'émotions positives. Elles savent surtout toutes les capter. Elles sont aussi plus enclines à aider les autres, à faire preuve d'empathie et à pardonner. Elles sont plus spirituelles et moins matérialistes. Elles résistent mieux à la dépression, à l'anxiété, à la solitude, à la jalousie et aux névroses. Rien que ça !

La gratitude est une attitude

Selon Robert Emmons, qui en a étudié toutes les facettes, la gratitude se décompose en deux séquences. La première est « le constat du bien dans notre vie. Avec la gratitude, nous disons oui à l'existence[1] ». Nous reconnaissons, en premier

---

1. Robert Emmons, *Thanks ! How Practicing Gratitude Can Make You Happier*, Houghton Mifflin, 2008 ; *Merci ! Quand la gratitude change nos vies* (trad.), Belfond, 2008.

lieu, qu'elle vaut la peine d'être vécue. Puis nous nous laissons pénétrer par la reconnaissance, qui confirme que la source de ce bien-être se trouve, au moins en partie, en dehors de nous-mêmes. C'est ce qui la distingue des autres sentiments. En reconnaissant l'intervention d'un élément ou d'une personne extérieurs, nous donnons à ce bienfait une valeur différente de celle des actions que nous effectuons par nos propres moyens. La gratitude est une émotion qui demande de la réflexion et de la connexion avec l'extérieur. Ce sont ces deux facteurs qui la rendent si puissante. En l'éprouvant, nous admettons notre humanité et reconnaissons que nous ne serions pas aussi bien là où nous sommes sans l'intervention des autres ou d'une force invisible.

Pour Emmons, ce qui distingue la gratitude d'une « pensée positive » est de constater qu'elle survient fréquemment dans des circonstances dramatiques. Il a eu l'occasion d'interroger des personnes ayant souffert de maladies et de pertes bouleversantes, ainsi que des survivants aux attentats du 11 septembre 2001. Ceux qui éprouvaient de la gratitude pour un « bienfait collatéral », même très petit, se sentaient plus heureux et moins atteints par les émotions négatives ou les dommages de la catastrophe. Il s'agit alors d'une acceptation profonde que le bien existe, embusqué sous les pires ravages de la vie.

Les bienfaits de la gratitude ne constituent pas qu'une sensation agréable sur le moment. Ils se manifestent à long terme dans la vie de ceux qui la pratiquent. Ces derniers résistent mieux au stress quotidien – et montrent aussi une plus grande résilience face à un stress post-traumatique –, se rétablissent plus facilement d'une maladie et sont globalement en meilleure santé. La gratitude élève notre esprit, nous inspire et nous transforme. En manifestant l'émotion que provoque en nous un événement, on se montre comme on est. La gratitude procure du sens à notre vie et la met en valeur à nos yeux.

Pour mesurer la portée de la gratitude, Emmons a réuni trois groupes de participants. Au premier, il a demandé de recenser une fois par semaine cinq tracas quotidiens. Au second, de citer cinq choses survenues dans la semaine qui leur inspiraient de la gratitude. Au troisième, d'évoquer cinq circonstances qui avaient affecté les participants, sans préciser si elles devaient être positives ou négatives. En expérimentation scientifique, ce troisième groupe s'appelle le groupe de contrôle. Il permet de comparer les résultats de l'action mesurée à un état neutre. L'expérience a duré dix semaines. Incontestablement, les membres du « groupe de gratitude » sont ressortis de l'expérience plus satisfaits de leur vie en général et plus optimistes envers l'avenir que les deux autres. Comme le bien-être de tous avait été mesuré avant le début de l'expérience, on a aussi constaté que le niveau de bonheur des membres de ce groupe était, à la sortie, 25 % plus élevé que celui des autres participants. Ils avaient eu moins de soucis de santé au cours de cette période et avaient spontanément pratiqué plus d'activités physiques.

Au cours d'une autre mise en situation, le groupe de participants qui avait reçu l'instruction de compléter une phrase commençant par : « Je suis content de ne pas... » était plus heureux que celui qui complétait : « J'aimerais... ». Imaginer pire est un formidable moyen d'apprécier le peu que l'on a. Ça peut servir…

Poussant les investigations encore plus loin, Emmons a proposé à des patients atteints de troubles neuromusculaires survenus à l'âge adulte de tenir un journal de gratitude. Ces malades chroniques, menacés de poussées de syndrome post-polio aléatoires pouvant aller jusqu'à l'atrophie musculaire, ont signalé beaucoup plus de satisfaction globale de leur vie que le groupe de contrôle, se sentaient plus reliés aux autres et plus optimistes vis-à-vis de la semaine suivante. Plus fort encore, ceux qui écrivaient tous les soirs leur journal ont gagné quelques heures de sommeil, s'endormaient plus vite et se sentaient plus reposés au réveil. Si on ne parvient pas à s'endormir, il vaut visiblement mieux compter ses kifs que ses moutons. Cette pratique est aussi très efficace avec les enfants.

Éprouver de la gratitude envers quelqu'un nous préserve aussi d'éprouver de la déception à l'égard de cette personne. Lorsque les reproches envers l'autre commencent à s'empiler, on marque une pause, on respire et on liste ce pour quoi on lui est reconnaissant. Si quelqu'un vous brise le cœur, concentrez-vous, au plus profond de la tristesse, sur la puissance de l'amour qu'il vous a permis de vivre. L'amertume se dégonfle .

Se muscler

La gratitude a l'avantage d'être un sentiment que l'on peut choisir d'éprouver. Au vu de ses avantages, cela mérite d'être essayé. Si on reprend l'image du bonheur en camembert, ressentir de la gratitude appartient à nos 40 % de marge de manœuvre. On peut, un beau matin, décider de s'y mettre. La gratitude fait partie de la liste des vingt-quatre vertus et certains la possèdent déjà en peloton de tête. Pour les autres, il est possible de la développer. À force de s'y essayer, comme lorsqu'on apprend une langue étrangère, elle finit un jour par se pratiquer sans effort. Encore faut-il s'y appliquer consciemment. Pour ceux qui aiment les modes d'emploi, voici les pratiques les plus efficaces recommandées par la science.

Le journal de gratitude

Comme dans les expériences d'Emmons, la tâche consiste à répondre à la question suivante :

« Il y a beaucoup de choses dans nos vies, petites ou grandes, qui nous procurent des satisfactions. Repensez aux événements qui se sont écoulés au cours de la dernière semaine et notez-en cinq pour lesquels vous ressentez de la gratitude ou de la reconnaissance. »

Et là on remplit trois à cinq lignes dans son cahier.

Pour ceux qui aiment écrire ou que les quelques minutes nécessaires à cette pratique ne rebutent pas, c'est un excellent moyen de recenser le bon. Sonja Lyubomirsky a testé cet exercice avec plusieurs fréquences : un groupe devait le faire tous les dimanches, le second trois fois par semaine. Les deux groupes, mobilisés pendant six semaines, en ont ressenti les bénéfices. Dans les listes sont apparus des items tels que : ma relation avec mère, un corps en bonne santé, avoir un rendez-vous amoureux, ma messagerie instantanée, etc. Mais le groupe qui en tiré le plus de bénéfices a été celui qui s'y attelait une seule fois par semaine. La répétition systématique ou trop fréquente crée ici de la lassitude. Dans cet exercice, le meilleur rythme pour chacun est en fait celui qui lui convient.

J'ai sur ma table de nuit mon « carnet de kifs ». C'est le nom que je lui ai donné. Ainsi, l'intention est claire. Je m'en empare quand j'en ai envie, quand je me souviens que je dormirai mieux en y consacrant quelques instants, quand je suis contrariée, quand j'ai vécu quelque chose d'extraordinaire, quand je me prépare pour un défi, quand je ne l'ai pas touché depuis longtemps, parfois quand je suis triste, d'autres fois juste comme ça. J'en fais un usage très aléatoire. Je n'y fais pas de phrases, juste des listes. Les lignes sont courtes, pas de superflu.

Parfois je le relis. Il m'accompagne depuis quatre ans. J'ai peu de mémoire et le parcourir m'offre de revivre mon meilleur du mieux. Un recueil de bons souvenirs, d'instants uniques, une chronologie positive. Il n'y a pas un seul grincement dans ce carnet. C'est ce que j'aime chez lui. Ma recommandation est de rendre le geste simple. Pas d'ordinateur à allumer ni de document à enregistrer. Et comme je n'en aurais pas de sauvegarde si je le perds, je ne l'emporte pas en voyage. Il habite près de mon oreiller principal. C'est sa place. Lorsque je serai une vieille dame, je le relirai goulument. Je pense que ce que j'y trouverai m'attendrira et me consternera parfois. Je me réjouis d'avance d'avoir accès à ce baromètre des belles choses qui jonchent ma seconde moitié de vie. C'est mon recueil du croustillant et je saurai qu'un 9 février, j'ai adoré faire l'amour. Et oui.

Sonja Lyubomirsky souligne que ce simple exercice augmente la valeur que nous nous accordons et l'estime que nous nous portons. Prendre conscience de ce que les autres font pour nous et de ce que l'on a accompli par soi-même est excellent pour la confiance en soi. Écrire son journal de gratitude renforce aussi nos relations aux autres. Même si on ne remercie pas directement quelqu'un, lui destiner notre gratitude nous permet de considérer que nous avons de très bonnes relations avec cette personne.

Le journal n'a surtout pas besoin d'être régulier. Là aussi, pour en profiter le mieux possible malgré notre tendance à l'adaptation, ne pas hésiter à varier les pratiques. Se promener dans ses étagères pour se remémorer, en regardant ses objets, pourquoi on a aimé un livre, un lieu, une personne, fait tout à fait l'affaire. Se prendre la main dans le sac d'un plaisir formidable et se dire, en le savourant, que c'est le kif du jour fonctionne aussi.

Instaurer le tour de kif à table reste chez nous la pratique la plus vivante, car elle est partagée. Les bénéfices sont décuplés et ça kiffe sec pour la soirée.

La visite de gratitude

C'est donc en découvrant l'article de David sur la lettre de gratitude que j'ai eu envie de savoir ce qu'était la psychologie positive. Réaliser que des chercheurs se penchaient sur ce type de sujets m'avait totalement décoiffée et touchée. Dans une expérience organisée par Martin Seligman, des internautes en visite sur le site du département de psychologie positive de l'université de Pennsylvanie se voyaient proposé d'effectuer dans la semaine une visite de gratitude. Ils recevaient l'instruction d'écrire une lettre et de la porter en personne à quelqu'un ayant contribué à quelque chose dans leur vie, mais qu'ils n'avaient pas encore pris la peine de remercier. Le groupe de contrôle effectuait pendant ce temps un exercice de développement personnel plus courant. Les « visiteurs de gratitude » se sont immédiatement sentis plus heureux et, pour certains, nettement moins déprimés. Tout simplement. Une semaine, puis un mois plus tard, ils demeuraient toujours aussi heureux.

Une variante de la visite consiste à au moins écrire la lettre. J'ai choisi pour ma part de faire un mix des deux, reflet de mon enthousiasme, mais aussi de ma pudeur. Cette année, aux anniversaires de mes amis, j'ai troqué le cadeau contre une lettre dans laquelle je les remercie de tout ce qu'ils sont pour moi. Comme la fête bat en général son plein, j'en profite pour surtout ne pas la lire sur place, recommandant du reste à la personne concernée de ne pas le faire avant le lendemain. Les réactions sont diverses. Une amie l'a perdue dans l'agitation, l'autre m'a répondu par écrit et le troisième ne m'en a jamais reparlé. Autant dire que la force de l'expérience est variable.

Mais le moment passé devant mon écran à écrire est ma récompense. La sensation est douce. Je revis notre amitié et notre tendresse, je cherche des mots, je renifle et je souris en reconnaissant que ça compte tellement pour moi. Introvertie comme je le suis, l'écriture est mon salut pour dire des choses qui me tiennent à cœur. Je prends le temps qu'il faut. Je suis tout à fait moi dans ces moments-là. Et personne ne me regarde.

Les recherches démontrent cependant que l'on gagne de toute façon à écrire cette lettre, même si elle n'est jamais remise à son destinataire. Soit parce que ça n'est pas opportun – il faut une bonne raison, mais il y en a parfois –, soit parce que la personne a disparu. La mise en ordre, pour soi-même, de sa gratitude a déjà des effets réparateurs, consolateurs et calorifiques. Ça réchauffe de l'intérieur.

Mais voilà, je ne pouvais pas prétendre écrire ce chapitre sans avoir essayé « la totale ». Il y a trois mois, j'ai donc choisi d'aller au plus évident, mais au plus subtil, en effectuant une « visite de gratitude » à mon mari. Comme il habite chez moi et moi chez lui, je me suis épargnée la prise de rendez-vous. Seligman recommande l'effet de surprise. On annonce sa venue, mais pas l'objet de sa visite. Et je me suis demandée profondément ce dont je le remerciais. L'exercice est fantastique, car il ne laisse place à aucun reproche. Dans la vie de couple, ces moments-là sont rares. J'ai donc, sans que mon mari le sache, passé quelques heures avec lui dans les meilleures dispositions du monde.

Nous nous vouvoyons, c'est étrange pour les autres, mais pour nous c'est intime. La lettre commençait sans risque :

« L'étape ultime de kifs sur lesquels les scientifiques s'accordent consiste à écrire une lettre de gratitude à quelqu'un qui compte dans votre vie et à aller la lui lire. Je me suis engagée, pour mon ouvrage, à explorer toutes les facettes possibles de cette science pour pouvoir mieux témoigner, encourager ou mettre en garde. Je n'ai encore jamais lu de lettre de gratitude formelle à quelqu'un.

Je vous laisse imaginer dans quel état cela va me mettre, mais je rassemble tout mon courage pour le faire. Cette première lettre, je voulais vous l'écrire à vous, parce que vous êtes l'amour dans ma vie. Vous êtes à la fois le candidat le plus important et le plus difficile pour moi, car je sais que vous allez détourner ce qui va venir vers vous, vous allez vous moquer, je vais pleurer, on va en rire et puis j'aurai survécu. »

La suite ne s'adresse qu'à lui. Mais il y a un paquet de bienfaits dans ma vie dont il est responsable, si je ne le regarde que sous cet angle-là. Je l'ai même remercié de laisser traîner ses magazines dans les toilettes alors que je pensais le lui reprocher. J'y apprends mille choses, en fait. En prévoyant de lire la lettre à voix haute, on ne l'écrit pas de la même façon. C'est un petit discours pour un micro-public. L'humour y a sa place, la tendresse et les larmes aussi. Il était assis en face de moi, les mouchoirs à ma droite. Il m'a écoutée. Il n'a pas osé se moquer pendant. Il faisait sa tête des grands jours. Celle qui veut dire : « Je vous aime comme vous êtes, avec toutes vos bizarreries, mais je suis touché quand même. » Il avait envie de commenter, mais il s'est retenu. Ça m'a aidée à terminer. En flaque, mais en un seul morceau.

Je l'ai ressentie, la puissance et la force d'être suspendue totalement en dehors de ma zone de confort. Mon âme à poil. Je ne sais pas qui de nous deux y a le plus gagné. Pour lui c'est un cadeau, pour moi une victoire. La partie réservée de moi a compris pourquoi elle avait attendu si longtemps, mais la femme qui grandit s'est autorisée à recommencer.

Les déclencheurs
de kifs

Pour savourer les kifs, le meilleur plan est de les multiplier, donc de les déclencher en les provoquant. La mode est aux ficelles à breloques nouées autour du poignet. Interrogez leur propriétaire, toutes ont une histoire, un souvenir, un sens secret ou une grâce à part. Les déclencheurs de kifs sont des renforcements positifs dont nous parsemons nos vies : bibelots, tatouages, morceaux de musique, épices aussi. J'ai dans le tiroir de ma cuisine une bouteille archi-périmée d'un mélange de poivre et de citron déshydraté, un assaisonnement pour épis de maïs. Ce flacon a pour moi le goût du Grand Ouest. Il me transporte en Amérique, là où je me sens tellement alignée. Je n'ai plus besoin d'en manger : croiser la bouteille lorsque je cherche l'origan suffit à me délocaliser. Notre cerveau agite les mêmes neurones, que nous soyons en présence d'un objet ou que nous y pensions. Les représentations de ce qui nous fait du bien sont donc bien plus que cosmétiques. Et si, par habitude, nous ne les voyons plus, notre inconscient, lui, reste vigilant et ce sont elles qui nous voient.

Cuisiner les mercis

Peut-être l'aurez-vous senti, je m'enflamme pour les effets secondaires de la gratitude. Ma maison est petit à petit devenue la République du Kif. C'est une sorte de monarchie matriarcale dont la Constitution reste légère pour ses habitants, mais elle peut être brandie par n'importe lequel d'entre nous, à n'importe quel moment. Nous avons instauré notre fête nationale. Elle se tient le troisième samedi de novembre. C'est une extravagance culinaire. Une volaille colossale est sacrifiée à cette occasion. Des pommes de terre, des gouttes d'agave, des farces, des crèmes sucrées et des douceurs empilées. Beaucoup. Nous étions huit la première année, nous sommes maintenant vingt-deux à table. Les convives sont notre famille d'élection. Des amis puissamment interconnectés, juste parce qu'ils s'aiment. C'est ce soir-là que l'on va se le dire. Nous célébrons les kifs de l'année autour de mets indécents de délice, mais confectionnés par nos soins. Nous sommes gourmands. Tous. Lorsque je n'avais pas de chez-moi suffisamment spacieux pour nous réunir, je cuisinais ailleurs. Il n'y a plus d'année sans cérémonie. On en parle dès le mois de septembre, on annule tout déplacement qui interfèrerait. C'est *notre* jour férié.

Ce soir-là, il se passe des choses magiques. Nos enfants, en train de devenir grands, les yeux pleins de rosée, nous remercient d'être leurs parents. De mettre notre amour et nos moyens à la disposition de leur développement et de leur ouvrir les portes qui vont les rendre plus forts. Chacun regarde la chance qui est la sienne, la force que sont ses autres et la joie de pouvoir le dire. On se fait beaux, on se sent bien, on mange comme dix, on boit toujours trop et on pleure à chaque fois. La réussite de la soirée ne se mesure qu'en hectolitres d'émotion.

Nous cuisinons les mercis. C'est comme cela que ça s'appelle. Chacun se sent plus lui-même en sortant. C'est notre festival du sens, avec en *guest star* celui d'être soi, mais tous ensembles. L'idée nous est venue de la fête américaine de Thanksgiving, orgie familiale à laquelle nous avons donné notre couleur. La cuisine des kifs ouvre la saison des fêtes de fin d'année mais, pour nous tous, c'est celle-ci qui compte.

L'an dernier, j'ai remis à chacun un fil orné d'une médaille estampillée du mot « merci ». Déclencheur de kif, à mi-chemin entre le souvenir de notre plaisir et l'invitation à profiter de tout ce qui suivra en réveillant notre cœur. Nous sommes tous vivants et gloutons, donc très occupés. Cette médaille est un raccourci vers l'essentiel. C'est un renforcement positif. Ça m'est utile de la voir surgir parfois parce qu'elle n'est associée qu'à du bon, mais aussi parce qu'elle me rappelle à l'ordre de vivre avec conscience toutes les merveilles que je croise.

J'ai d'ailleurs réparé le bracelet qui l'accroche à mon poignet. Celui que j'avais cassé, l'autre jour, sans l'avoir fait exprès.

Partager trois kifs par jour n'est pas une destination, mais un voyage complet. Son sentier passe par tous les paysages de nos activités et donne l'occasion de profiter de chaque escale.

On peut cheminer seul ou en bande, par écrit ou simplement dans sa tête. Il aide à s'endormir, il aide à vivre, il ne coûte que de l'attention et un soupçon de conscience. Il donne bonne mine à ses pèlerins et il peut même vous préparer à venir dîner chez moi.

5
Se connecter

« *S'enthousiasmer pour une bonne nouvelle qui touche quelqu'un de son entourage augmente son propre bien-être et celui de ceux qui nous entourent.* »

Harry Reis,
université de Rochester

Le chapitre sur les relations aux autres est celui que je gardais sous le coude comme une récompense joyeuse, me tenant prête à me promener dans le havre sautillant de l'amour et de la connexion.

Mais lorsque je m'y suis consacrée, c'est finalement le sourcil circonspect que j'ai entrepris cette visite spéléologique de mon entourage. Le miroir tendu par les chercheurs est sans indulgence. Une approche scientifique des relations humaines a forcément du vrai. Si mon expérience ressemble aux conclusions prélevées parmi celles « qui marchent », je serai rassurée. Mais si elle ne l'est pas, notamment en amour, suis-je condamnée à me fondre dans les statistiques des séparations ou de la solitude ? Flagrant délit de pessimisme.

La psychologie positive, dans ce domaine, se concentre précisément sur la qualité de la relation entre deux personnes et ses conséquences sur notre bonheur. Nous avons besoin de ces relations amoureuses, amicales et sociales.

Pour les chercheurs, le temps intime et profond que l'on passe avec les gens qu'on aime est l'indicateur le plus certain du bien-être d'un individu.

Une vie satisfaisante requiert, selon Ben-Shahar, trois aspects incontournables :
- Utiliser ses compétences en alimentant son auto-efficacité.
- Être autonome dans ses choix d'objectifs auto concordants.
- Se sentir relié et vivre « ensemble ».

Le principe de la lasagne

Il est dans la nature humaine d'établir des rapports avec les autres. Personne n'est un îlot. Nous fonctionnons dans une communauté et sommes directement affectés par les échanges qui s'y établissent. C'est notre entourage qui nous fournit le plus d'informations sur nous-même et notre vie peut être plus riche ou plus piteuse selon la façon dont nous gérons nos relations.

Étant des « animaux sociaux », nous ne nous sentons réellement complets qu'en compagnie des autres. Chacun a besoin de certains types de relations avec une certaine quantité d'individus. Mais nous possédons un seuil de stimulation optimal, extrêmement variable d'une personnalité à l'autre. Intimité, socialisation ou proximité sont ressenties différemment.

Ben-Shahar applique aux relations interpersonnelles ce qu'il a baptisé « le principe de la lasagne ». En gros, trop de lasagne tue la lasagne. Les lasagnes, c'est délicieux, mais si on en mange tous les jours, elles perdent de leur saveur. Interagir avec autrui est une question de dosage. Nous n'avons, de ce côté-là, pas tous les mêmes besoins. Notre sensibilité diffère, d'une part face à la quantité de gens que nous voyons au cours d'une journée, d'autre part face au temps qu'il nous convient de passer à échanger.

Rester à l'écoute de ses besoins est le seul instrument incontestable pour définir son seuil idéal de sollicitation. La différence palpable entre les introvertis et les extravertis réside dans ce contrôle des niveaux. « Une personne c'est de la compagnie, deux c'est la foule, trois c'est une réception », disait Andy Warhol. Comme s'il me connaissait. Je suis fascinée de voir que mes couches de lasagnes sont en évolution. À vingt ans, je n'aurais jamais passé des vacances à moins de dix dans un deux-pièces. Aujourd'hui, il est tout à fait exceptionnel que je m'engage à passer plus de quatre jours de suite avec des non-membres de ma famille nucléaire. Il y a une différence de taille entre ces deux époques, je ne vis plus seule. J'en conclus que mon besoin de temps intime d'aujourd'hui remplace celui de me déplacer en meute d'hier. En quittant la vie de bureau, je craignais de me sentir seule alors que, une fois la situation synthétisée, j'ai éprouvé du soulagement d'être libérée des conversations de couloir et autres bavardages dès les premières heures du jour.

Profondément, je suis introvertie. Mon seuil de stimulation optimal se trouve dans les petits groupes où la parole n'est pas à prendre, car elle est à portée de main de chacun. Pour les gens comme moi, participer à une réception bourrée d'inconnus est douloureux. Briser la glace est une torture chinoise et je préfère presque les manifestations où l'on porte une étiquette avec son nom. Cela facilite les premières secondes. Mais, dans un environnement qui me convient, je m'allume comme un réverbère et mon moulin à parole est bien huilé.

Les extravertis, en revanche, ont besoin de contacts avec les autres. Mon mari est comme cela. Il discute avec tout le monde, les anciens du village, les préposés en tout, les gars du café. Ses clients l'adorent et les commerçants s'en souviennent. Les gens, à son contact, ont besoin de parler de tout et de rien, car il les relance admirablement. Arthur, mon fils aîné, pousse le bouchon un cran plus loin. Il aborde les inconnus dans la rue et fait de l'auto-stop dès qu'il en a l'occasion. Pour le plaisir d'échanger avec des inconnus.

Mais quelle que soit notre recette de lasagne personnelle, le meilleur indice de bonheur reste une relation longue, intime, proche, nourrissante et équitable avec un ou une meilleur(e) ami(e). Cet ami pouvant bien sûr être son partenaire de vie.

Les amis

Les études ont confirmé à maintes reprises que, introvertis ou extravertis, nous sommes plus heureux avec des amis, en famille ou simplement en compagnie des autres. Lorsqu'on demande à des personnes de lister les activités qui leur font du bien et les rendent plus heureux pour la journée, les réponses comprennent d'être avec des gens heureux, que les autres s'intéressent à ce que l'on dit, d'être sexuellement attirant ou d'être simplement avec des amis. Les autres sont la source de nos meilleurs et de nos pires moments. Le soin que nous attachons à nos relations est donc l'investissement le plus déterminant que nous pouvons effectuer pour notre bonheur.

C'est en présence de nos amis que nous faisons part de nos humeurs les plus positives, car avec eux il n'y a pas d'activités répétitives comme sortir les poubelles ou faire la vaisselle. Les études de Csikszentmihalyi révèlent qu'adolescents, adultes et retraités déclarent être plus heureux avec leurs amis qu'avec leur conjoint. Nous aussi ?

La famille et les amis jouent des rôles distincts dans nos vies. L'amitié nous enchante si nous nous y exprimons en révélant le fond de nous. Un ami n'est pas celui qui conforte notre personnage public, mais celui qui questionne nos rêves ou nos désirs et qui nous pousse à essayer de nouvelles façons d'être. Avec lui nous pouvons nous lâcher, ne pas être en forme et « délirer ». Il ou elle connaît les risques que l'on aime prendre ainsi que nos désirs d'autres choses ou de progrès. C'est la famille qui nous apporte de la protection affective, mais c'est l'amitié qui nous guide vers la nouveauté. Nos souvenirs de repos sont familiaux, nos souvenirs d'aventure et de dépassement de soi sont amicaux.

Les études montrent que, si on a un minimum de cinq amis avec lesquels on peut discuter d'une situation importante nous concernant, on a plus de chance de se déclarer très heureux. Nous avons besoin d'appartenir et nous avons besoin de nous confier. D'autres données démontrent qu'il est plus amusant de faire les choses à plusieurs : tâches domestiques, sport, transport sont toujours plus agréable à deux ou plus. Que l'on soit introverti ou extraverti. Il y a même certaines activités que l'on n'entreprend même pas si on est seul. Je n'aurai jamais tenu un stand au vide-grenier du village si je n'avais pas partagé cette journée avec ma sœur. Parmi quinze activités quotidiennes explorées par les chercheurs, la seule que les participants déclarent préférer exercer seuls est la prière ou la méditation. Ça se comprend.

Entretenir des relations fortes avec les autres nous rend perméables à la joie, prolonge davantage notre durée de vie que d'arrêter de fumer, renforce notre immunité et éloigne les risques de dépression. Pour ne pas souffrir de la solitude, il suffit d'avoir une relation proche à qui l'on peut se confier. Il ne s'agit pas d'un copain avec lequel on parle de sport ou d'une copine avec laquelle on parle de boulot, mais de quelqu'un avec qui l'on puisse échanger des confidences. Le réseau constitué par notre entourage est celui qui assied notre identité et notre confiance en nous. Les actes de générosité renforcent les liens amicaux et soutenir les autres nous rend plus heureux que de recevoir du soutien nous-même.

Une étude portant sur trois mille infirmières atteintes d'un cancer du sein en 2006 a conclu que les femmes qui n'avaient pas d'ami proche avaient quatre fois plus de probabilités de mourir de cette maladie que celles qui avaient plus de dix amis. Dans ces résultats, la proximité géographique n'entrait pas en ligne de compte.

Face à la maladie, se sentir entourée, même à distance, protège.

Il y a deux ans, trente-quatre étudiants de l'université de Virginie ont été placés au pied d'une pente abrupte, lestés d'un sac pesant. Ils devaient estimer la raideur de la montée. Certains se tenaient à côté d'amis lors de cette expérience, les autres étaient seuls. Les premiers ont jaugé la pente moins raide que les autres, et plus leur amitié était ancienne, plus la pente leur semblait douce.

En emménageant dans notre rue en pente de Paris, en plus de nos voisins du dessous, nous nous sommes considérablement rapprochés d'un couple de nos amis qui vit dans l'immeuble d'en face. En sachant bien viser, nous pourrions nous dépanner d'un citron ou de tout autre objet non contondant par un lancer de fenêtre à balcon, mais aucun d'entre nous n'a le tir assuré. Si avoir des amis permet de vivre plus longtemps, alors notre retraite va s'allonger. Lorsque se voir sans se coucher trop tard, ne pas stresser dans les bouchons, rentrer même si l'autre veut rester, ne pas laisser les enfants tous seuls trop longtemps et prendre un parapluie ne se posent même plus comme obstacle pour se retrouver, une amitié gagne en légèreté. Lorsqu'on finit les dimanches ensemble, qu'on s'attrape sur le trottoir pour partager des spaghettis au citron, que les enfants échangent les bons plans du collège, que l'on se croise dans toutes les tenues, qu'on se dépose un gâteau humant ou qu'on imprime ses documents urgents chez ses copains qu'on aime, une relation gagne en densité. Je ne peux pas citer un aspect de nos rapports d'avant que l'on aurait perdu, mais je peux en décrire vingt que nous avons gagnés. Nous nous suivons désormais même en vacances.

Les amis virtuels

Si les chiffres fixent à cinq le nombre d'amis nécessaires pour être épanoui et se sentir entouré, que penser de mes deux cent soixante-dix huit amis sur Facebook ? Statistiquement, c'est assez peu. Mes « amis » eux-mêmes en affichent parfois mille au compteur et mes enfants en ont trois fois plus que moi. Mais voici ce que j'observe. Je ne suis connectée qu'à des gens que je connais en vrai. De les lire régulièrement rapproche de la surface le lien qui existe ou a existé entre nous. Nous savons ainsi des choses les uns sur les autres. Je ris grâce à eux parfois, je réagis, je ressens, j'émets des avis et j'encourage. Sur Facebook, on parle souvent dans le vide sans savoir qui écoute.

On se montre. On s'observe par une petite serrure, pour savoir. On ne se renifle pas beaucoup, mais on se croise en orbite et, lorsqu'on atterrit, la conversation ne part pas de zéro. J'y trouve une vraie richesse. Ce sont les nouvelles de mon tissu humain. Si les liens du passé se sont distendus, on n'en reste pas pour autant des étrangers. Et quelques retrouvailles surprenantes continuent d'avoir lieu. La plus improbable a remis sur mon écran ma voisine de classe de 1972 en Californie. Je me souvenais d'elle comme si nous nous étions simplement séparées la veille.

Les rapports sur Facebook peuvent répondre à certains de nos besoins. En premier lieu, ils facilitent la communication aux introvertis et offrent une plate-forme sans limites aux extravertis. Si on attend de ces connexions virtuelles qu'elles se substituent aux rapports réels, on peut se sentir encore plus seul. Mais Internet offre quand même à ceux qui sont structurellement seuls, parce qu'éloignés géographiquement, ou souffrant d'un handicap, une possibilité de rompre la sensation d'isolement.

Si je comptabilise mes amis pour intégrer les statistiques, ce ne sont pas ceux-là que je répertorie. Est-ce que j'en ai bien cinq ?

La première (je suis une fille) me vient tout de suite à l'esprit. Une seconde et une troisième lui emboîtent le pas. Un quatrième se place à la file, puis d'autres m'apparaissent dans le désordre. Il ne s'agit pas là de quantité. Ce sont des gens dont le sort m'importe réellement. Ceux qui se réjouissent de mes microsuccès et s'inquiètent de mes doutes. Ceux auxquels je vais penser dans la journée sans connexion Internet, sans rappel de mes écrans. Je tiens à eux. S'ils ne sont pas sur Facebook, certains ne savent que peu de moi au quotidien, mais nous sommes sculptés dans une même souche. Nous nous touchons bien volontiers. J'aime les prendre dans mes bras. De ceux-là, j'en ai plus que cinq mais moins que vingt.

Il existe en psychologie un principe dit « de la familiarité ». Plus nous sommes exposés à quelque chose ou à quelqu'un, plus nous le prisons. Un morceau de musique, par exemple, s'apprécie dans la répétition. C'est du reste sur ce postulat que les publicitaires ont bâti leur profession. Mais cela fonctionne aussi dans les relations. Lorsqu'on rencontre une personne, plus on la voit, plus on tend à la trouver belle et intelligente. La familiarité, et donc la présence, engendre de l'affection. Se forcer un peu la main pour accompagner son conjoint à une fête de bureau ou rendre visite à un nouveau-né chez ses amis aura toujours des retombées chaleureuses pour soi et pour les autres. De plus, lorsqu'on se montre bavard, aventureux et affirmé en présence d'un groupe aussi petit ou aussi grand soit-il, les extravertis comme les introvertis se sentent plus vivants et plus heureux. La connexion nous met de bonne humeur. Alors voyons-nous.

S'inspirer des victoires des autres

Se réjouir du succès de ses proches est aussi une source avérée de partage et d'inspiration. Mes amis m'impressionnent. Soit parce que je n'en ai que d'extraordinairement talentueux ou qu'ils sont bien plus dégourdis que la moyenne, soit parce que nous avons l'authenticité de nous confier tous les morceaux de nous. Y compris ceux qui sont brisés ou inadaptés. Du coup, quand l'une se remet de sa rupture, que l'autre repart à l'assaut d'une vie professionnelle, que l'enfant du troisième a eu son bac contre toute attente et que la quatrième s'installe victorieusement dans une nouvelle ville avec ses cliques et ses claques, ça donne confiance. Ça me rassure sur les crevasses de la vie, car je les vois se refermer ailleurs. Alors pourquoi pas chez moi, pourquoi pas chez toi, pourquoi pas chez elle ? Les biographies de mes copains sont toujours une source d'optimisme, car le regard un peu éloigné que je porte sur eux efface la souffrance des épisodes pour n'en retenir que la superbe résilience dont ils ont su faire preuve.

Avec sa famille

D'autres études montrent que les traditions familiales encouragent le développement social des enfants et renforcent la cohésion de la tribu. Elles apportent de la connexion entre ses membres et offrent des situations prévisibles qui rassurent tout le monde. Les enfants adorent avoir des points de repère et ces moments en font partie. Je distingue alors trois types de situations familiales à nourrir.

D'abord nos rituels informels, comme le premier qui crie « coucher de soleil » quand le soleil atteint presque la colline en face de la nôtre : tous les membres de la maisonnée se précipitent à la fenêtre pour admirer le spectacle, collés les uns contre les autres. Ou le lancer de bébés quand les miens étaient petits et que leur père les hissait jusqu'au plafond pour « toucher la boule » qui y était suspendue avant de les laisser rebondir sur notre lit. Les activités comme celles-ci créent un vocabulaire commun, celui qui inclut et qui désigne le fait à la même meute.

Viennent ensuite les rituels plus formels, comme l'organisation des fêtes d'anniversaire. Celles de mes enfants restent un moment de magie que je maintiens malgré leurs poils au torse. Ou le déjeuner chez Perla, leur grand-mère, qui réunit tous les cousins chaque jour des grandes vacances passées dans le même village. Ces réunions et occasions de se retrouver impliquent de l'organisation, de la préparation, parfois de la décoration, des mets particuliers et la participation des uns et des autres à coordonner. Paradoxalement, ces traditions, par l'effort qu'elles demandent à celui qui l'organise et les attentes qu'elles créent, sont de potentielles sources de déception, de culpabilité, de colère et parfois de rancœur et d'engueulades. Ou de trop de rangement. J'ai cessé de décorer un sapin à Noël depuis deux ans, provoquant les foudres de mes ex-petits. Mais j'ai ressenti le besoin de simplifier mes vacances pour ne plus courir après les boules cassées et les épines échouées sous les tapis. En famille, ce qui rassemble peut tout aussi bien jeter de l'huile sur le feu. Et chaque famille a sa dynamique.

Et enfin l'animation de la tribu. C'est la famille élargie. Chez moi, c'est celle des Servan-Schreiber, dans laquelle je suis née. Nous sommes près de cent cinquante descendants d'un seul couple venu vivre en France au XIXe siècle. C'est une entité passionnante composée de personnalités bien trempées. Les jeunes générations colmatent les brouilles des anciennes et tissent des relations transversales entre les différentes branches qui donnent à cette pieuvre une forme contemporaine. Je suis animée du désir de favoriser les ponts entre nous, alors je me donne du mal. Souhaiter les anniversaires, mettre ma créativité au service de nos réunions quinquennales, animer un site Internet juste pour nous. C'est du temps, mais je considère que c'est une donnée unique d'appartenir, sans l'avoir demandé, à un groupe comme celui-là. Ils sont chouettes, mes cousins, et les observer est très distrayant. J'ai choisi le premier rang pour le faire. Cette position me permet de rendre visible un lien qui ne l'est pas, celui des cellules qui nous rapprochent, mais qui restent muettes sans manifestation volontaire. Je propose de la cohésion à ma façon.

Cet été, l'un de nous est tombé malade. Très. Opérations, traitements, immobilisation, inquiétude, rééducation, séquelles. Malgré la peur qui nous a ensevelis, nous nous sommes resserrés comme un élastique. Tous au front. Il y a ceux qui communiquent les informations aux autres, ceux qui discutent avec les médecins, ceux qui remuent ciel et terre pour identifier les meilleurs traitements, ceux qui ravitaillent, ceux qui hébergent, ceux qui soutiennent ceux qui soutiennent, ceux qui s'occupent des enfants, ceux qui écoutent les parents, ceux qui cherchent encore à rire ou à faire rire. Nous avons voyagé, interrompu des vacances, organisé, coordonné, rendu visite, ressenti, partagé et pleuré. Nous nous sommes parlés plus que d'habitude, pour reconnaître, lorsque le pire fut passé, que nous savions faire ça. Être une entité concentrée, efficace et aimante. Je souhaite au monde entier et à chacun d'entre nous de pouvoir compter de la sorte sur les siens quand le vent se lève. C'est le jour où il se calme que l'on se sent finalement bien au chaud. Les intempéries, malgré le danger, rapprochent. Et notre malade en a exprimé toute sa gratitude. Notre amour a soutenu sa rage de vaincre ce qui pouvait l'être. Il nous a épatés et nous nous sommes épatés.

En couple

Mon expérience dans ce domaine est composée, pour l'instant, de passions foudroyantes à sens unique à l'adolescence, puis d'une alternance de fusions dévastatrices et de déceptions instantanées au début de ma vie sexuelle. Le tout ayant depuis été remplacé par vingt et une années de mariage encore en cours avec le même monsieur.

Ce mariage est le cœur de ma vie, mais c'est aussi mon plus remarquable défi. Pour fêter la majorité de notre union, il y a trois ans, nous nous sommes offert l'un à l'autre des médailles de championnat et des trophées gravés pour saluer la performance de chacun, se remercier et se récompenser. Pas de diamants ou d'escapade. De l'excellente nourriture et de la reconnaissance.

Le jour de notre mariage, mon père avait prononcé un discours décrivant ce qui nous attendait. « Aujourd'hui, disait-il, dans une époque où les périls sont maîtrisés, le mariage reste la seule vraie aventure moderne. » Jeunes, innocents et, surtout, amoureux comme nous l'étions, l'image m'était apparue pompeuse et disproportionnée. J'étais impatiente de m'unir à ce jeune homme et ne voyais pas les nuages d'altitude. Au fond de moi, j'étais soulagée de l'avoir trouvé et fière qu'il ait eu envie de m'épouser. Nous étions, chacun, élu par l'autre. La cérémonie célébrait notre capacité mutuelle de détection. J'avais souvent rêvé de la robe, de la bague et de la fête comme la fin de la recherche. Je n'ai pas aimé être célibataire. Tester des cœurs et des corps ne me nourrissait pas. Je suis un animal intime dont le pelage brille dans les coulisses. Mon cœur se réservait pour éviter d'être pourfendu et ce danger-là disparaissait, enfin. Sous mon voile de mariée, je me réjouissais de pouvoir poser le pied à quai et de profiter du repos d'être deux.

Cette bonne blague.

Aujourd'hui, mon expérience de la vie à deux, puis à trois, quatre et cinq est bien plus grande. Mon innocence a laissé place à des démêlés, des bonheurs immenses, des évolutions, des transformations, des surprises, des fatigues, des doutes, des impatiences, des compatibilités, des projets, des revers, des soupirs, des disputes et des plaisirs. Toutes les couleurs de l'arc-en-ciel sont visitées en permanence à la maison. Aucune émotion n'est lésée. Quel travail cela représente de s'aimer vraiment ! Surtout quand c'est pour longtemps.

Ben-Shahar valide mon point de vue sur l'affaire : il y a dans le cadre des relations amoureuses à long terme de nombreux obstacles à franchir, dont une grosse portion est liée aux attentes erronées que nous avons envers l'autre et à l'égard de la relation elle-même.

L'amour romantique

Le thème de l'amour romantique est très présent dans nos vies et dans notre culture. Nous sommes bombardés par des informations et des images : films, romans ou magazines. La moitié des chansons parlent de la rencontre amoureuse, l'autre de la rupture. Il y en a très peu sur le « pendant que nous vivons normalement ensemble ». Ces images sentimentales nous font rêver et espérer, mais se révèlent trompeuses, irréalistes et aggravantes pour la survie des histoires réelles.

Ben-Shahar fait ainsi un état des lieux de la relation amoureuse :

- Les taux de divorce et d'infidélité sont toujours en croissance.
- La nouveauté provoque chez l'être humain une forte excitation, puis la passion s'amenuise, car elle se calme. D'autres nouveautés semblent alors plus exotiques, donc érotiques, et ainsi de suite.
- Comme il nous est difficile de conserver l'intensité amoureuse, on peut se demander si ceux qui ne se quittent pas restent ensemble par devoir, résignation ou compromis.

Beaucoup s'en tiennent à ces constats pour justifier séparation ou infidélité. Mais les chercheurs en psychologie positive ne s'intéressent pas à démontrer l'inexorable fragilité de l'amour, Ils observent plutôt ce qui permet à ceux qui vivent depuis dix à soixante ans ensemble de le faire avec entrain.

Nous y voilà.

Les clés du succès se trouvent dans l'expérience réelle des couples que nous formons, les uns et les autres.

L'amour parfait du cinéma n'existe pas. Mais mon partenaire particulier, si. Au premier temps d'une rencontre, l'autre est à la fois un saint, un enfant et un professeur. On s'apprend, on se complète, on s'étonne, on fusionne et on se moule l'un à l'autre. Mais cette adaptation de caméléon n'a qu'un temps et les vrais individus, distincts et réels, campent dans la pénombre. Pour qu'un amour dure, il est indispensable de comprendre qu'il ne sera pas parfait. En revanche, il sera vrai, car les protagonistes auront su dévoiler le fond de leur personnalité et continuer à se développer côte à côte.

John Gottman[1] est un spécialiste de la stabilité des relations amoureuses. Son travail a permis de faire évoluer la thérapie conjugale aux États-Unis. Son expertise est telle qu'il sait prédire un divorce avec une marge d'erreur de 10 % seulement.

La suite de la démonstration va-t-elle me désigner avec 90 % de certitude parmi les condamnés ? J'en ai froid dans le dos.

Je fais une pause, un tour dans la maison, je mange un morceau de chocolat et me rassieds à ma place.

« Lorsque j'ai compris comment prédire les divorces, je pensais avoir trouvé la clé pour sauver des mariages. Mais je me trompais. Ce n'est qu'après avoir analysé ce qui fonc-

---

1. *Les gens heureux ont leur secret*, Jean-Claude Lattès, 2000.

tionnait dans des relations longues et heureuses que j'ai pu craquer le code des mariages heureux », dit Gottman.

Et Ben-Shahar d'ajouter : « Le potentiel sexuel et la cellulite sont fortement corrélés. » Pardon ? « Ils progressent tous les deux avec l'âge ». Deuxième carré de chocolat.

L'expert en la matière s'appelle David Schnarch. Psychologue clinicien spécialiste de l'intimité, il observe, dissèque et comptabilise les comportements des amants heureux. Une croyance populaire colporte que les hommes atteignent leur zénith sexuel à vingt-cinq ans, les femmes à quarante. C'est faux dans les deux cas. La maturité sexuelle ne cesse jamais de progresser. Les hommes comme les femmes deviennent de meilleurs amants en vieillissant. Nous sommes donc, sexuellement et amoureusement, servis et récompensés par notre expérience.

Mais par le travail aussi.

Un amour durable exige de l'application pour se connaître et se faire connaître, savoir se disputer et continuer à percevoir et apprécier les aspects positifs de son conjoint.

Perles de culture et agenda

En grandissant, nous pensons tous que la difficulté principale pour connaître l'amour est de trouver le bon partenaire. Je le pensais moi-même. Les premiers critères de compatibilité entre deux personnes sont de partager les mêmes intérêts, d'avoir des valeurs communes et d'aimer l'odeur que dégage l'autre. Mais ce qui compte pour le long terme, c'est tout ce qui vient après : une fois le candidat déniché, on doit se mettre à la culture des deux perles rares dans la même eau de mer.

Les comédies romantiques parlent toujours de la quête : trébucher sur l'âme sœur, son double, un jumeau ou son miroir. Les héros, face à la perfection de l'autre, se rendent à l'évidence de leur destin. Mais on ne parle jamais de l'entretien, du soin, de la nourriture et du progrès injectés dans le couple formé par les scénaristes. Dans la vraie vie, définir la liste des critères du conjoint idéal est un acte de perfectionniste. Avant de rencontrer l'âme sœur, elle forme un barrage solide. Si tu ne corresponds pas à mes critères, passe ta route. Mais une fois l'affaire lancée, nul ne peut continuer à incarner les rêves figés de l'autre. Un détecteur de potentiel de croissance, de transformation et d'authenticité nous serait beaucoup plus utile et pratique pour nous choisir. Une relation durable accepte le défi de se connaître et de se re-rencontrer sans cesse.

La vie amoureuse réelle commence donc à la fin du film. Les conflits, la passion et les chaos du bonheur seraient la traduction réaliste de « ils vécurent heureux et eurent beaucoup d'enfants ». Si l'amour était un métier, combien d'entre nous auraient déjà été licenciés pour ne pas avoir été assez appliqués ? Combien d'entre nous l'ont déjà été ?

Des études sur les situations de conflit ont déterminé que l'interdépendance ne suffisait pas à pousser deux parties à se réconcilier. Ce qui permet de trouver une solution est de partager un objectif mutuellement significatif. Un projet qui touche les deux antagonistes. Dans un couple, l'entraide peut être l'un de ces objectifs, ou le choix de participer à une activité commune. L'arrivée du premier enfant est souvent à l'origine d'un divorce. Sa naissance n'appartient donc pas toujours aux objectifs significatifs des deux parents et ne préservera pas contre l'aggravation d'un conflit. Mais avoir un enfant peut aussi aider à former une véritable association qui n'engendre pas de mauvaises dettes dans le couple et contribue à creuser son sillon.

L'amour est actif. Ne pas juste être amoureux, mais aimer l'autre, c'est une action. Y compris lorsqu'il s'agit de ses enfants. Mon ami Stéphane est tombé amoureux de sa fille en lui donnant le biberon et en passant du temps à regarder ses mimiques. Pas juste en s'épatant de son existence. Il est aujourd'hui, des deux parents, celui qui se vante le plus de ses progrès et performances. Faire des choses avec sa fille a développé l'amour qui le rend si fier.

Comme nous aimons travailler lorsque nous exerçons notre passion, nous pouvons aimer aimer. Friand de ritualisation, Ben-Shahar nous explique que sa femme et lui ont rendez-vous tous les mardis. L'amoureuse volcanique, mère de trois enfants, qui doit encore mettre la table, sourit. Et puis quoi encore ? N'ai-je déjà pas assez de monotonie dans ma vie comme ça ? Il précise : le rendez-vous est ritualisé, mais les activités changent. Agir ensemble est la clé de ce moment pour créer l'opportunité d'un plaisir partagé. Une aventure commune de plus, comme un jerricane d'essence pour éviter la panne.

L'exercice que Ben-Shahar propose alors consiste à définir les rituels qui pourraient être instaurés avec son conjoint, chacun de ses enfants, ses parents, des amis ou toute autre personne significative dans sa vie. Je trouve ça très difficile à faire. Je remarque à cette occasion qu'il y a beaucoup de monde autour de moi. Entre ceux qui demandent mon attention sans que j'aie l'élan de la leur accorder et celles que j'aimerai voir mais qui n'en ont pas le temps, je me sens dans un couloir étroit. Le premier rituel que j'ai envie d'instaurer est celui de m'offrir un moment de solitude récurrent. Mais ça n'est pas le propos et je déplore que le dîner du mois institué avec ma fille n'ait plus eu lieu depuis un an. De ce moment-là ressortait toujours une connexion chaude et inattendue.

Je constate quand même avec un sourire que passer chez le libraire le samedi après-midi avec Léon est déjà un rituel. J'écris timidement que mon mari et moi pourrions sortir tout seuls plus souvent. C'est tellement bateau que j'en lève les yeux au ciel! Je réfléchis. Sachant que j'aime partager la découverte d'endroits nouveaux, je pourrais prévoir de le faire avec lui. Mais lui préfère retourner dans les lieux où il a ses habitudes. Seule devant ma feuille, je fais les questions et les réponses sans beaucoup avancer. Il semblerait qu'organiser l'intimité m'inquiète. C'est prendre le risque de ressentir tout en plus fort : le décevant, le bon, le banal, l'inattendu, aussi. C'est s'exposer, sortir la tête d'entre les épaules pour prendre le vent. Jeter son sac par-dessus le mur. Ça doit être bien, mais je dois encore m'habituer à renoncer au fantasme de l'amour bohème et spontané. Au fond, je le sais, nous ne venons pas de passer vingt et un ans dans une roulotte, mais un morceau de moi respecte trop l'impulsion pour sortir mon agenda. Ça viendra. Ou pas.

Se connaître et se faire connaître

L'intimité est la clé pour entretenir une passion à long terme. Je serai tentée d'ajouter le rire, mais Ben-Shahar n'en parle pas.

Pour alimenter un amour durable, chacun doit se dévoiler, s'ouvrir, partager ses trépidations intérieures, sa nature profonde et ses rêves. Ce que l'on révèle de soi à cinquante ans est différent de ce que l'on a à montrer à vingt-cinq. Mieux je me connais, mieux tu pourras me connaître à ton tour.

Et se connaître prend du temps, tout comme se dévoiler. Nous ne mûrissons qu'un jour à la fois. La maman que je suis aujourd'hui n'existait pas en se mariant. L'auteure de livres non plus, la directrice de travaux de nos déménagements n'y connaissait rien, la cuisinière balbutiait, l'étudiante n'avait jamais été embauchée ou licenciée. La voyageuse n'avait pas décollé, l'amoureuse ne s'était jamais encore sentie lassée ou impuissante, l'aventurière n'avait pas sauté en parachute, l'amie ne connaissait pas le quart de ses fréquentations actuelles et la jeune adulte ne déplorait encore le décès d'aucun être cher. La femme qu'a rencontrée mon fiancé n'était qu'une portion de celle que je suis maintenant. Celle qui a ouvert les yeux ce matin, même près de lui, rentrera changée ce soir.

Ce que je sais de mon mari aussi se périme tout autant si je ne réactualise pas mes données. La structure extérieure de mon homme semblerait s'épaissir avec l'âge, mais sa densité intérieure s'affine, se raffine et se précise. L'intimité entre nous deux n'existe que si elle est aussi vivante que nous le sommes tous les deux. Notre responsabilité à chacun est de nous exprimer. Pas pour impressionner ou maintenir la façade des débuts, mais pour nous donner la chance d'être connu.

Passé le miracle de la rencontre, qui nous prend tant d'attention, commence le vrai travail de présentation. Maintenir le mirage du début est risqué et difficile. À vouloir s'y cramponner, on n'entrerait jamais dans la maison de l'autre pour visiter le sous-sol, les souvenirs, les travaux en cours et les surprises dans les recoins. La liste des défauts va pouvoir commencer à se constituer. Celles des qualités invisibles aussi.

Cette visite des lieux permet d'établir la cartographie de la sensibilité de l'autre. Ce qu'il aime ou pas, dans quelles circonstances il a besoin d'être seul, quand ou comment il aime parler. Ses besoins, si j'y prête attention, se révèlent peu à peu. Et les miens, de la même façon, apparaissent aussi au fur et à mesure.

David Snarch définit ainsi l'intimité: « Faire en sorte d'être vraiment connu. Présenter aussi les facettes de soi que votre partenaire n'aimera pas. Il ne s'agit pas seulement de dire les choses, mais aussi de révéler ses forces insoupçonnées. Ne pas chercher à impressionner, mais veiller à s'exprimer. Les relations se basent souvent sur notre besoin de validation par l'autre. Nous montrons ou disons ce qui sera acceptable de son point de vue. Mais pour avancer longtemps côte à côte, il faut savoir se valider soi-même, sans compter sur son alter ego pour le faire. »

J'y réfléchis. Combien de nos amis sont « redevenus eux-mêmes » après s'être séparés ou avoir divorcé? Que puis-je dire de ma propre relation à ce sujet? Est-ce que la femme que l'on voit de l'extérieur est la même que celle qui vit à l'intérieur de moi ? Non, je ne pense pas. Mais je décide de faire le compte de ce qui est transparent et de ce qui reste derrière le rideau. Je réalise, en dressant cette liste, qu'elle est top secret mais que beaucoup de mes parties visibles ont été détectées par mon mari lui-même. Si je tiens à mon jardin intime pour alimenter mon imagination et protéger mes blessures, je dois lui reconnaître le talent de m'avoir appris d'autres choses sur moi. Il me regarde vivre et il me raconte : comment j'interagis avec les autres, comment je réagis avec les petits ou les grands. Il n'écoute pas toujours ce que je lui dis, mais il entend beaucoup en m'observant avec ses yeux.

À quoi ressemblerions-nous si lui et moi déplions toutes nos voiles ? À un mur de brique explosé, à une barque chahutée sur une grosse vague ou juste à nous ? Dans les couples qui durent, aucun des deux membres ne laisse l'autre décider de sa conduite, de ses valeurs, de ses émotions. Ils se montrent nus, cash, directs, vrais, francs et sans concession.

Dans une famille comme la mienne, on se tient bien. Et bien se tenir implique souvent de contourner ou d'esquiver sans jamais se décoiffer. Je songe à ma grand-mère et son chignon, soutenu par ses épingles à cheveux, à mon père à la coiffure laquée, à ma mère aux cheveux courts. Chacun a appliqué sa stratégie pour très peu montrer les mèches qui volent. Je vois le chemin qu'il me reste à parcourir pour être une seule et même personne dans mon cœur et vue de l'extérieur. Des propositions de David Snarch, je retiens surtout l'idée d'autovalidation. C'est à moi de me donner l'accolade, de me célébrer comme je suis et de ressentir ce que je ressens si je le ressens.

Maintenir une façade fait autant de dommages à celui qui la présente qu'à celui qui la reçoit. Le premier joue un rôle fatigant et le second est trompé sur la marchandise. Pour aller loin ensemble, il faut se montrer sans s'attendre à n'être que formidable. Être connu pour qui nous sommes s'applique à toutes nos relations : en famille, au travail, dans son cercle d'amis. Nous mettons des rondeurs, pensant être plus aimés comme ça. Pour se rapprocher de soi, ce n'est pas le chemin le plus court.

Mon amitié historique avec mon amie Ciche est le plus profond reflet de moi. Avec elle, je suis comme je suis. Perfectionniste, emmerdeuse, vulnérable et attachée. Elle se laisse faire juste ce qu'il faut pour ne me laisser aucune illusion sur la maîtrise de ce qui m'échappe. Elle ne me caresse pas dans le sens du poil, mais elle me console, me cajole et me soutient. Nous avons tout vécu ensemble. Les jeunes filles inconscientes que nous avons été ne s'en sortent finalement pas si mal. Il semblerait que nous soyons retombées sur nos pattes. C'est cela qui nous relie. Le témoignage qu'il est possible de devenir adulte quelle que fût son adolescence. Être adulte, dans mon vocabulaire, c'est demeurer en mouvement, en exploration, ressentir toujours et encore des choses nouvelles et fortes. C'est de continuer à se confronter à la vie et à aimer en maintenant à son tour ses cheveux à peu près en place. J'ai trouvé l'accessoire capillaire qui me seconde : le bigoudi. Il modèle un mouvement semi-chaotique, mais éphémère de la chevelure, et donne à mon sommet un air de fête plein de vagues.

Savoir se disputer

L'idée fantastique d'être le complément l'un de l'autre ne fonctionne donc qu'un temps. Au début d'une relation, ou lorsqu'elle ne dure qu'une seule nuit, il n'y a a priori pas encore d'accrochage. Il est prouvé qu'on s'emporte rarement contre des gens que l'on vient de rencontrer. Lorsque nous sommes assez confortables et familiers avec quelqu'un, c'est là que nous commençons à exprimer notre hostilité. Deux personnes ne peuvent pas toujours être d'accord. Si l'intimité ne se construisait que sur la fusion, les couples seraient des fauteuils à trois pieds, tout à fait bancals. Et que fait-on lorsqu'on n'est pas d'accord ? On rentre en conflit.

Tous les couples ne se disputent pas de la même façon. John Gottman observe différentes données objectives : la fréquence des conflits, les expressions du visage, le vocabulaire utilisé, les gestes et les réactions physiologiques comme le rythme cardiaque et la transpiration des deux amants lorsque l'explication survient. Les thérapeutes eux-mêmes ont longtemps considéré que l'absence ou l'abondance de disputes étaient néfastes pour la longévité d'un couple. Mais Gottman tire des conclusions plus détaillées. Résoudre un conflit peut provoquer, avec succès, un ajustement nécessaire entre les partenaires. Exprimer ses doléances et réclamations sous certaines formes est probablement ce qu'un couple peut faire de plus sain pour son épanouissement. Gottman a ainsi identifié trois typologies de couples caractérisées par des réactions récurrentes et saines qui contribuent, chacune à sa manière, à la stabilité d'une relation.

Les couples du premier type résolvent leurs divergences par l'élaboration de compromis calmes et pacifiques. Ils donnent à chacun l'occasion de s'exprimer. Au cours de leurs disputes, ils reconnaissent la validité du point de vue de l'autre. Ils font part de leurs sensations et opinions sur les circonstances avant que la situation ne s'emballe et que les réactions physiologiques ne prennent le relais. Leurs discordes se résolvent au cours d'une discussion formelle où les besoins sont exprimés et les demandes faites dans le calme. Très forts.

Le second groupe accepte l'idée d'être en désaccord, mais les belligérants se confrontent rarement. Lorsqu'ils sentent poindre la dispute, ils le reconnaissent et préfèrent, l'un, l'autre ou les deux, « aller faire un tour » pour dissiper les risques d'une querelle. Les psychologues et thérapeutes de couples ont longtemps suspecté que l'absence de confrontation nuisait à l'équilibre du couple, mais si ce système sied au duo, leur entente s'en nourrit.

Le troisième comprend les couples qui se disputent. Ils s'interrompent facilement l'un l'autre au cours des querelles, mais se perçoivent comme égaux et considèrent que leur mariage ou leur union renforce leur individualité. Ils sont sensibles aux émotions, qu'elles soient bonnes ou mauvaises. Le succès de ce type de fonctionnement provient de leur capacité à se réconcilier. Ce sont des relations passionnées et plutôt excitantes.

Mais ce qui distingue surtout les couples satisfaits de ceux qui connaissent la misère conjugale, c'est l'équilibre entre les actions positives et négatives de l'un envers l'autre. L'équation magique est de cinq actions ou témoignages positifs (se toucher, sourire, complimenter, rire, s'aider, etc.) pour une négative. Ceux qui se séparent ont dépassé ce seuil de négativité entre eux.

Être reconnu plutôt que validé

Lorsque la sexualité décline dans un couple, on pense souvent que c'est le début de la fin. Selon Schnarch, au contraire, c'est là que les choses commencent vraiment car les deux êtres distincts ont désormais plus besoin d'être reconnus pour ce qu'ils sont que validés par un regard posé sur eux. La relation s'approfondit et ne dépend plus que du désir de l'autre.

Il devient alors possible et recommandé de savoir « lécher » ses propres blessures. Donner à son conjoint la responsabilité de colmater les failles de sa digue personnelle n'est pas raisonnable. Bien sur, les débuts de l'amour donnent à chacun la sensation d'avoir trouvé celui ou celle qui, justement, détient l'enduit miraculeux qui les répare. Un regard gorgé de désir fait des merveilles sur la confiance en soi. Mais ce regard extérieur reste un miroir, qui ne transforme pas les fondements de notre édifice. C'est donc bien à soi de savoir se soigner, pour ne pas faire peser cette attente sur l'autre.

Les revendications inconscientes

Un moment crucial, chez nous, est celui de la table à débarrasser après le dîner. Pénélope travaille en général sa sortie avant la fin du dessert. Capable de provoquer une dispute généralisée pour claquer la porte derrière elle au moment propice. Son père considère alors que, puisque c'est comme ça, il n'a pas à débarrasser à sa place. Léon, le plus pacifique, se met à la tâche en se moquant de la dynamique ambiante. Et je semble être la seule à considérer qu'une cuisine propre est un pré-requis pour profiter du petit déjeuner.

Connaissant le scénario par cœur et persécutée d'avance par l'iniquité de la situation à venir, je préviens : « J'ai fait le dîner et mis la table, je ne débarrasserai pas ! »

Nous sommes en présence d'une revendication inconsciente, mais bruyante. C'est un phénomène qui consiste à surestimer notre contribution au service des autres. Elle est naturelle puisque nous ne passons pas nos journées ensemble. Personne ne voit ce que je fais vraiment dans ma journée et ne mesure le temps que je passe à penser à notre logistique et à la mettre en œuvre, et je ne sais pas moi non plus ce que les autres font de leur temps et à quoi ils pensent réellement. Lors d'une étude réalisée auprès d'un groupe d'étudiants, chacun devait estimer sa contribution à la collectivité. Le total additionné des contributions dépassait 139 % des actions réalisées. Je me vois faire la cuisine, planifier le menu et acheter les ingrédients nécessaires, payer l'école. Mais je ne vois pas mon mari régler les factures d'assurance, penser à l'organisation de notre prochain voyage et détourner sa route pour rapporter des pommes. Du coup, chacun garde le sentiment d'en faire toujours plus que les autres.

Combien de fois se dit-on qu'on fait ce qu'on fait pour le groupe, ou pour son conjoint ? Cette apparente générosité tourne au fiasco, car nous sommes déçus par l'absence de célébration généralisée et reconnaissante de notre participation. La solution est de faire les choses pour soi, y compris les tâches ménagères « emmerdantes ». Sortir la poubelle pour qu'elle n'empeste pas, ranger pour anticiper un petit déjeuner en paix, éteindre les lumières pour répondre à ses principes environnementaux. Si on fait les choses pour répondre honnêtement à ses besoins, on n'attend pas de réaction particulière des autres.

Il est tellement plus facile d'être lourd que léger, de percevoir les défauts plutôt que les bénéfices. Surtout chez l'autre. Mon amie Simone et son mari ne s'assignent jamais rien l'un à l'autre. C'est entendu comme cela. Chapeau. Mon perfectionnisme ne m'a pas encore assez lâché pour que j'en sois capable. Mais c'est une piste de confiance à travailler.

Travailler sa relation

Pour Ben-Shahar, le travail autour de l'amour est beaucoup une question de vocabulaire. On ne doit pas trouver le partenaire idéal, on doit le cultiver. Le trouver suppose qu'il ait tout bon a priori, le cultiver accepte l'idée de grandir côte à côte et d'accompagner les mouvements à venir. Être ensemble, c'est faire des choses ensemble et renouveler des objectifs communs.

Il existe cependant, pour les spécialistes, des « ennemis » de la relation qui ont démontré leur supériorité négative et dévastatrice. Là aussi, c'est en apparence une question de formulation, mais c'est en fait un système de fonctionnement.

- *La critique,* qui incrimine l'autre et le considère responsable de la situation. Il est préférable de se plaindre en

disant : « Je trouve que nous ne sortons pas assez » plutôt que : « Tu ne veux jamais sortir ».
- *Le mépris.* La différence entre la critique et le mépris réside dans l'intention de blesser l'autre. Il se manifeste dans les mots où dans les gestes et langages du corps : les insultes et injures, l'humour hostile, les moqueries, les mimiques (soupirer, lever les yeux au ciel, etc.).
- *La défense.* Elle consiste à nier sa responsabilité ou à se trouver des excuses : « Je suis comme ça » ou « Je n'y pouvais rien ». Elle est parfois utilisée en attaque pour anticiper les réactions négatives de l'autre : « Je sais que ça ne va pas te plaire, mais... ». Elle se manifeste aussi par la riposte quand on accueille la plainte de l'autre par une plainte ou une critique de son propre cru. À une phrase comme « Tu ne pourrais pas nous rejoindre en vacances deux jours plus tôt ? » on répond « C'est toi qui as décidé de partir avant moi ». Et on tourne en rond.
- *Faire l'huître.* Cela consiste à se fermer en arrêtant de parler ou en boudant. Les observations en laboratoire révèlent que les hommes y sont moins sensibles que les femmes. Lorsque l'écoute de l'homme se ferme au cours d'une discussion avec sa compagne, son rythme cardiaque à elle augmente de façon significative. Si c'est la femme qui se renferme, l'homme reste physiquement imperturbé. La nouvelle, pour les dames, est donc que faire la tête produit le contraire de ce qu'on en attend, c'est-à-dire rien du tout.

Mais il existe aussi des facilitateurs reconnus d'amour. Attention, cette partie-là peut vous sembler mièvre, mais c'est celle qui compte.

- Il n'y a pas d'amour, il n'y a que des preuves d'amour. Ce sont les démonstrations positives qui manifestent le fait que l'on pense à l'autre qui rassurent les deux partis.
- On recommande au moins trois points de contact quotidiens de moins de 60 secondes : instants partagés, baisers, textos ou messages envoyés, un câlin avant de se séparer, partager avec l'autre une idée qu'on a eue. C'est de l'amour fluide.
- Déceler l'extraordinaire dans l'ordinaire. Un exercice pratiqué en laboratoire consiste à compléter par écrit : « Si je ne t'avais pas rencontré… je n'aurai pas… » En plus de redonner de la saveur à son conjoint et aux aspects uniques d'une relation, il annule toute pensées négatives en faisant appel à la gratitude. 100 % des participants en ont éprouvé du bonheur en le pratiquant. Imaginer sa vie sans une rencontre, un coup de chance ou l'un de ses triomphes permet de décupler la satisfaction que l'on éprouve d'avoir vécu cet événement. La surprise, l'inattendu, la nouveauté ou la variété que l'on y décèle le rendent encore plus mystérieux et exceptionnel. Une telle expérience est une bonne introduction à la lettre de gratitude et permet d'ailleurs de trouver la matière pour en rédiger une.
- Manifester de l'intérêt pour la vie de l'autre. S'intéresser à sa journée et à ses histoires. Nos comportements et nos attitudes sont liés. Plus nous provoquons l'ex-

pression consciente de notre intérêt, plus nous serons effectivement intéressés par ce qui nous est raconté. Il faut parfois faire démarrer la machine, mais elle sait prendre le relais.
- Montrer son affection. Se toucher, s'embrasser, avoir des attentions, se souvenir de dates communes.
- Complimenter. Recevoir une louange de la part de quelqu'un que l'on aime nous permet de nous sentir apprécié. Notre prénom est aussi notre mot préféré. Appeler l'autre par son prénom ou son surnom capte son attention et crée de la reconnaissance.
- Faire preuve d'empathie, se mettre à la place de l'autre et le lui faire sentir.
- Faire l'amour. Une relation sexuelle provoque une marée de neuro-transmetteurs déclencheurs de bien-être et de sensations d'attachement et de complicité. C'est physiologique, en plus d'être très agréable et rapprochant.

Quelques différences entre les femmes et les hommes

Pour éviter quelques malentendus, il est utile de noter d'autres différences entre les hommes et les femmes. Nous ne définissons pas l'intimité de la même façon. Bien que hommes et femmes admettent que le partage de moments où l'on se retrouve soit important, ils les envisagent différemment. Les femmes sont en quête de tête-à-tête qui permettent de se parler alors que les hommes se sentent proches lorsqu'ils travaillent ou qu'ils jouent à proximité de leur compagne.

Est-ce parce que le standard de l'intimité est si bas chez les hommes que ces derniers, comme les femmes, considèrent leurs relations avec des femmes plus intimes et plus satisfaisantes que celles qu'ils peuvent avoir avec les hommes ? Les femmes font preuve de plus d'empathie que les hommes et c'est l'une de leurs capacités appréciées par les deux sexes.

Ces données me rassurent. Le meilleur week-end que puisse passer mon époux est d'être enfermé dans sa pièce de travail derrière son ordinateur, sachant que je vaque à mes occupations dans l'appartement. Le pire week-end qu'il puisse passer est d'être enfermé dans sa pièce de travail derrière son ordinateur sans que je sois là. Et oui.

Là aussi, je réalise que l'autonomie que nous exerçons l'un et l'autre dans nos amitiés, nos occupations et nos hobbies nous évite beaucoup de frustration. Nous nous aimons sans nous ressembler, alors nous cultivons des relations chacun de notre côté pour exprimer ce qui ne peut pas l'être ensemble. C'est notre équilibre. Et ça l'a toujours été.

S'admirer

En 1997, la psychologue américaine Sandra Murray a révélé l'importance des illusions positives au sein du couple. Chacun des partenaires devait décrire l'autre et l'évaluer selon des critères interpersonnels, puis se décrivait selon la même grille de critères. Il en est ressorti que les couples qui avaient l'un de l'autre la vision la plus idéalisée étaient les plus satisfaits et les plus stables. Au cours d'une autre expérience, des amis du couple les décrivaient à leur tour, confirmant que la perception que les amoureux avaient l'un de l'autre était embellie. Plus les années passent, moins les conflits surviennent dans ces couples-là. Et plus les illusions étaient fortes au début de l'histoire, plus les couples gagnent en satisfaction au fil du temps. Murray décrit ces illusions comme de l'intuition plutôt que de la naïveté. Car certains amoureux finissent par devenir ce que l'autre voyait en eux. C'est assez fréquent et ça marche. J'ai toujours admiré mon mari, il sait tout dans n'importe quel domaine, est drôle, mégalo, courageux, résilient et généreux. Il s'appelle Alex. Si vous le connaissez et n'êtes pas d'accord avec moi, ne me le dites pas car ce n'est visiblement pas moi que cela regarde.

En groupe

Nos relations à l'extérieur du couple font aussi l'objet d'études. Celles-ci montrent que partager des intérêts communs accroît les chances de développer des relations à long terme et augmente notre bonheur de 2 %. Vrai en couple, ça l'est aussi avec d'autres personnes. Par ailleurs, appartenir à un groupe accroît la confiance en soi. Plus fort encore, se réunir une fois par mois avec les mêmes personnes produit chez un individu autant de bonheur que si on doublait son salaire.

Toujours dans le registre de nos explorations humaines, mon cousin David et moi participons depuis cinq ans à un groupe de pratique de communication non violente (CNV). Ayant découvert cette discipline au cours de ses recherches, David a pris l'initiative de réunir quelques personnes de son entourage qui souhaitaient progresser dans le domaine des relations quotidiennes. Nous nous retrouvons depuis autour d'Isabelle, notre initiatrice, inspiratrice et preuve vivante que l'on peut se parler autrement dans un monde de brutes.

Dans notre famille, les générations précédentes ont été très claires et directives sur le niveau des exigences professionnelles et intellectuelles requises pour se « débrouiller », mais un peu moins précises sur comment s'y prendre pour exprimer ses besoins, reconnaître ceux des autres et savoir faire des demandes claires pour s'épanouir dans une communication fluide. Alors un cours mensuel n'est pas de trop pour nous mettre au niveau des gens bien dans leurs échanges.

Nous vivons tous les mois un moment fantastique. Bien sur, les techniques de CNV développées par Marshall Rosenberg sont au cœur de nos efforts et, croyez-moi, ça en demande. Mais ce que j'avoue préférer dans cet ensemble, c'est la tranche de vie que nous croquons à partir de notre quotidien à tous. Nos pérégrinations se transforment en feuilleton grâce à la lecture commentée que nous en faisons. Nous appliquons le filtre de la CNV sur nos expériences. Rencontres bouleversantes, chefaillons zélés, fellations critiquées, remarques désobligeantes, tenue jugée inappropriée par un conjoint, demande en mariage, rupture, naissance, blocages créatifs, interview agressive, fratries blessantes, retour d'Inde, négociations salariales, convocation au commissariat, maladie des enfants, questions de voisinage. Tout est sujet à explorer son besoin réel, celui de l'autre, et à concilier les deux pour se préparer à mieux réagir la prochaine fois et se sentir plus agile face aux étrangetés de l'existence.

Les termes « non violent » sont exagérés dans l'intitulé de cette pratique. Il s'agit plutôt du langage de la bienveillance. Cette technique m'a surtout apporté du vocabulaire supplémentaire pour comprendre ce qui se passe à l'intérieur de moi lorsque je suis triste, frustrée, bloquée ou débordée par mes émotions. Même si je ne sais pas encore réagir aussi bien qu'Isabelle, ma tête comprend bien les principes de ce qui est en jeu. Et, surtout, j'accepte que désormais le silence, la légèreté, la connexion, le soutien, la confiance, la considération, la proximité, la reconnaissance, la contribution, la clarté, le respect de mes valeurs et la tendresse sont de vrais besoins que je peux légitimement faire valoir à mes interlocuteurs. Et veiller à en prendre soin vis-à-vis de moi-même.

Parmi nous, une photographe, un nez, un luthier, un psychiatre, une formatrice et moi-même. L'hospitalité fait partie du programme, donc la cuisine aussi. C'est le groupe le plus reconnaissant et le plus gratifié que je fréquente. Nous tournons d'une maison et d'une cuisine à l'autre. Nous commençons toujours par la célébration de nos victoires ou de l'instant présent. Je crois que nous nous aimons, en tout cas moi je vous aime.

Tantra

La seconde expérience de groupe que j'ai entreprise cette année a été de m'inscrire à un cycle de tantra au féminin. Ce qui m'a attiré, c'est justement le féminin. J'avais envie de connaître cette atmosphère exclusive. Percevant le tantra comme une énergie à utiliser dans la sexualité, je m'interrogeais sur l'absence des hommes, mais je nous sentais a priori très en sécurité. La formatrice anglaise est un ange avec un sexe. Une femme douce et directe qui nous fait parler, danser, respirer. Elle nous apprend à faire circuler l'énergie dans notre corps. Elle nous surprend et nous éduque. Nous nous touchons, nous nous prenons dans les bras et chaloupons les unes contre les autres. Des femmes de toutes formes et horizons se retrouvent un après-midi par mois pour émulsionner et distribuer leur force vitale. Ce que j'y ai trouvé est précisément, là aussi, une sortie de ma zone de confort. J'accomplis naturellement des gestes bien plus surprenants que tout ce que je fais en temps normal. Danser comme une petite fille ou une femme libre, lâcher sa douceur et sa force ensemble, sous ce regard particulier qu'ont les femmes quand il n'y a pas d'homme dans la pièce. Ça dépote.

Oui, c'est riche de se retrouver et d'apprendre ensemble. La clé est là. En CNV comme au tantra, l'humilité règne. Nous sommes de petits scarabées apprentis qui ne savent toujours rien en sortant, si ce n'est qu'ils ne savent pas tout. Lorsque j'en reviens, j'ai à la fois envie de prendre cet apprentissage au sérieux, mais aussi d'en jouer encore plus. C'est donc qu'il me convient bien.

Aimer, t'aimer et m'aimer sont les embellisseurs de la vie. Des gisements de bonheur – ou de frustration. Les techniques à appliquer de-ci de-là sont utiles pour gagner du temps, éviter des malentendus et devenir plus précis dans ses relations. Qui dit cucul ne dit pas forcément inutile. Ce qui compte, c'est de rester en mouvement, connecté, à deux ou à plusieurs, et faire du mieux que l'on peut.

6
Inventer ses rituels

« *Le cerveau conscient ne retient qu'une pensée à la fois : choisir une pensée positive.* »

Genie Laborde

Malgré nos 50 % de prédisposition génétique au bonheur, rappelons-nous que l'on peut intervenir pour percevoir la même vie autrement. C'est difficile, ça ne nous vient absolument pas naturellement et sans effort, mais il est possible de choisir son point de vue et d'ajouter quelques instruments à nos compétences pour mieux abattre nos cartes.

Chercher à ressentir plus de bonheur n'est pas une mode ou une tendance. C'est une quête légitime et sérieuse dont témoignent tous les textes anciens. Y aurait-il des inconvénients à ressentir plus de joie, moins d'angoisse, plus de tranquillité, moins de doutes et plus d'optimisme ?

Pas si on souhaite vivre plus longtemps, en meilleure santé, avec plus d'énergie, de créativité, d'amour et de productivité. Et c'est là que l'appétit et le plaisir de cuisiner entrent en jeu. Il y a des recettes de bonheur disponibles sur le marché, mais toutes ne sont pas adaptées à nos goûts et nos enzymes digestifs. Ce chapitre est un placard d'ingrédients. J'y ai entreposé les pratiques qui ont été testées et j'ai rajouté par-ci par-là les trucs qui m'ont aidée à ne pas tout oublier au cours de cette année.

Changer est possible

Tal Ben-Shahar nous demande de croiser les bras. « Comment vous sentez-vous ? À l'aise, au chaud ? » Puis d'inverser la position des bras. Plus inhabituel, c'est loin d'être aussi plaisant car notre organisme résiste face à cette simple inversion. Pourtant, la neuroplasticité de notre cerveau fabrique de nouveaux circuits lorsqu'on l'expose à des situations inédites. Les chauffeurs de taxi londoniens ont, par exemple, un plus gros cerveau que vous et moi dans la zone de la mémoire visuelle. Les nouvelles informations créent de nouvelles connexions cérébrales, l'entraînement les renforce et les habitudes les fortifient.

Il existe deux sortes de changement. L'approche graduelle, la plus douce et la plus facile, est imperceptible au début, mais peut générer de vraies modifications. Le changement abrupt est, pour sa part, immédiat et radical. Ni l'un ni l'autre n'apportent une solution instantanée à nos soucis ou à nos envies de mieux : dans un cas il faut persévérer, dans l'autre s'adapter.

Le travail sur la gratitude relève de la première catégorie. En le pratiquant, on devient plus positif. On se crée un chemin neuronal alternatif.

Des expériences ont réuni des participants en laboratoire pour savoir s'ils avaient envie de changer leur tendance naturelle à s'inquiéter, à culpabiliser, à se compliquer la vie, à percevoir surtout le négatif ou à avoir du mal à être heureux. La réponse n'est pas si évidente. Car en cherchant à se défaire de tels réflexes, on a le sentiment de devoir renoncer à être responsable, sensible, réactif, réaliste et méritant. Tal Ben-Shahar explique que nous devons différencier nos vertus des défauts qui nous coûtent. Pour nous libérer de notre culpabilité, restons sensibles, mais apprenons à dire non. Pour limiter la procrastination, mettons le perfectionnisme en sourdine sans perdre notre ambition. Avant de décider de changer, il convient d'explorer le pendant positif de notre « mauvais côté » pour le préserver en connaissance de cause.

Pendant mon voyage en Californie, j'ai rencontré Cynthia Smith, spécialiste des changements de comportement et des adaptations culturelles au sein des entreprises. Elle travaille beaucoup sur l'introduction de pratiques environnementales et socialement responsables. Lorsqu'une entreprise les inclut dans ses valeurs, encore faut-il que chacun s'approprie les réflexes qui en découlent. La clé de la mise en marche est non pas d'arrêter quelque chose mais de commencer autre chose. Je n'arrête pas de manger des gâteaux, je commence à manger des fruits. Je n'arrête pas de me servir de lessive, je commence à utiliser des noix de lavage. Je n'arrête pas de me coucher tard, je commence à me coucher tôt. Je n'arrête pas de critiquer, je commence à déceler le bon. Et le changement le plus difficile que j'ai réussi cette année – ne riez pas, ça m'a demandé une volonté de fer : je n'arrête pas de boire du Coca Light® bourré d'aspartam, je commence à boire de l'eau. Lorsque nous mettons ce type de changement en place, les anciennes connexions dans notre cerveau ne disparaissent pas, mais de nouveaux circuits apparaissent. J'ai encore envie de ces maudites bulles vers 11 heures tous les matins, mais les litres d'eau avalés depuis m'ont déjà fait beaucoup de bien et je tiens bon.

Profiter des traumatismes positifs

L'équivalent positif d'un choc post-traumatique qui nous laisse profondément marqués est ce qu'Abraham Maslow a appelé « l'expérience paroxistique ». Il s'agit d'un moment de grâce pendant lequel on se sent transcendé. Il peut se produire quand on fait l'amour, en parlant en public, en dansant, en tenant son enfant contre soi, en écoutant de la musique, en pratiquant un sport, etc. C'est un séisme positif qui crée dans son sillage une sensation d'ordre et d'harmonie, à l'opposé de la cacophonie provoquée par les drames.

Barbara Frederickson s'est penchée sur ce qui peut favoriser la survenue de tels moments. Elle recommande d'accepter ses émotions lorsqu'elles surviennent, de pratiquer la méditation en pleine conscience ou la prière pour augmenter son potentiel de perception, de danser en se concentrant sur la musique, de se fixer des objectifs qui nous tiennent à cœur et de PRENDRE LE TEMPS. Nous nous privons de la plupart des émotions imprévues en courant après nous-mêmes. Respectons le flux naturel de nos vies.

Simuler pour se transformer

Est-ce que c'est nous qui créons nos habitudes, ou est-ce que ce sont nos habitudes qui nous façonnent? « Les deux mon capitaine », répond Ben-Shahar. À force de croire des choses sur nous-même, nous finissons par devenir ce que nous croyons être. « Je ne sais pas parler d'argent », « Je suis nul en math » ou « Je suis un bon vendeur » auront un effet décisif sur l'individu qui se l'affirme. Nous sommes donc à la fois notre meilleur ami et notre pire ennemi. Ben-Shahar nous demande alors de lister sur nos tablettes les croyances que nous avons sur nous-même et de les regarder bien en face, comme s'il s'agissait de quelqu'un d'autre. Elles s'allègent instantanément et le chemin du changement apparaît plus clairement.

Dans son laboratoire, le Pr Frances Haemmerlie a organisé une expérience en convoquant des hommes timides et hétérosexuels à une certaine heure. Chacun leur tour, ils se trouvent dans une salle d'attente dans laquelle se présente une jolie femme. À l'heure prévue, le laborantin entre pour annoncer que l'expérience aura du retard et engage une conversation avec la jeune femme. Il sort, puis celle-ci, qui appartient à l'équipe de chercheurs, se lance à son tour dans une discussion animée avec le sujet. Au bout de douze minutes, elle est appelée et une autre la remplace, engageant à son tour une nouvelle conversation. Six femmes se succèdent ainsi et, au bout de 72 minutes de « retard », le sujet est appelé à son tour pour une fausse expérimentation. Le lendemain, rebelote. À l'issue de ces deux séances, la confiance en eux de tous les participants a augmenté de façon significative et durable, et leur niveau d'anxiété a baissé d'autant. Six mois plus tard, en apprenant que les femmes faisaient partie de l'expérience, aucun d'entre eux n'a ressenti de baisse de confiance et tous ont demandé à participer à d'autres études. Ces 144 minutes ont changé la vie de ces hommes en leur posant le pied dans un univers auquel ils n'imaginaient pas avoir accès. Une conversation facile. Notre comportement a le pouvoir de modifier nos émotions. Sans renoncer à ce que nous sommes, nous pouvons, en sortant même temporairement de notre zone de confort, récolter les bénéfices d'une nouvelle sérénité. Prendre des risques augmente la confiance que l'on se porte.

S'engager à changer est un défi, d'autant que nous érigeons nous-mêmes nos barrières. Nous plaçons nos propres obstacles dans la course et nous nous plaignons de ne pas pouvoir les dépasser. Pour les franchir, il faut accepter d'atteindre un niveau d'inconfort optimal. Pas celui de la panique, mais celui d'une accélération de rythme et de l'arrivée des courants d'air.

Selon Sonja Lyubomirsky, la meilleure façon de se mettre au travail pour son bonheur est de capitaliser sur ses forces et ses vertus. Ne surtout pas partir du principe qu'on tirera le maximum de bénéfices en commençant par le plus dur. Parmi toutes les possibilités proposées ici, on choisit celle qui fait envie, pas celle que l'on pense « devoir » adopter, car c'est probablement la plus éloignée de ce que nous sommes naturellement.

Le bénéfice des rituels

Tal Ben-Shahar précise les choses: l'autodiscipline est un piètre agent du changement. « Combien d'entre vous souhaiteraient en avoir plus? » Tous les élèves lèvent leur crayon. « Et bien, vous n'en aurez pas plus, nous dit-il. Mais vous n'en aurez pas besoin non plus ».

Une expérience a installé des sujets dans deux salles d'attente. Dans la première, les chercheurs ont placé une assiette de biscuits alléchants sous un panneau « Ne pas toucher ». Dans la seconde, des tranches de betterave avec la même indication. Chaque individu devait ensuite accomplir une tâche minutieuse et difficile. Les chercheurs mesuraient leur persévérance et le temps qu'il mettait à « abandonner ». Il a été plus facile à ceux exposés aux betteraves de persister. Parce qu'il faut de l'auto-discipline pour résister à un biscuit, le capital de résistance des autres participants avait déjà été entamé avant même d'avoir commencé l'exercice.

La solution pour mener une vie plus heureuse est donc de choisir des rituels. Se laver les dents n'est pas un acte d'auto-discipline, c'est un rituel. On ne le fait pas parce qu'on en a envie, on n'ouvre pas de débat avec soi-même chaque matin avant d'attraper le tube de dentifrice, ON LE FAIT. Un rituel crée de nouvelles habitudes saines. S'engager donne le pouvoir de réussir. Il s'agit d'une action portée par ses valeurs (on y croit) effectuées à un moment précis (identique à chaque fois). Le tout est de trouver la bonne dose et le bon moment, pour soi.

Passer de l'auto-discipline aux rituels augmente la productivité et la créativité. Selon les spécialistes, il nous faut trente jours pour créer un nouveau circuit cérébral et un automatisme. Cela suppose de « s'accrocher » dans les premiers temps. Ben-Shahar recommande de ne pas introduire plus d'une ou deux nouveautés à la fois. Trop pénalisant pour notre volonté. Et, surtout, de ne s'engager dans aucune action négative. Commencer, ne pas arrêter. Je n'arrête pas de consulter mes emails dès qu'ils arrivent, je décrète deux heures sans connexion électronique.

Écrire son journal

Mon père écrit son journal, chaque jour, depuis l'âge de quinze ans. Je l'ai toujours vu le faire, plutôt avant le dîner, et dans la journée pendant les week-ends. Cinquante-huit ans plus tard, grâce à un système d'archives qu'il a mis au point, il peut en quelques clics, trouver un extrait faisant référence à un lieu ou une situation qui surgissent lors de nos échanges. Lorsqu'il évoque les difficultés qu'il a surmontées dans sa vie, il attribue sa résistance aux coups durs et sa résilience à l'écriture de ce journal, se vantant de n'avoir jamais mis les pieds chez le moindre thérapeute.

Ce qu'il a découvert grâce à sa propre expérience a été étudié en laboratoire par les Pr Laura King et James Pennebaker, premiers chercheurs à observer les effets que peut avoir la tenue d'un journal. Leurs expérimentations sont entrées dans le détail de la narration des événements négatifs ainsi que des événements positifs de la vie.

Dans le premier cas, quatre jours de suite, les participants recevaient l'instruction suivante :

« Écrivez pendant 20 minutes, de façon continue, à propos de l'événement le plus traumatisant de votre vie. Ne vous souciez ni de l'orthographe, ni de la grammaire, ni de la structure des phrases. Décrivez vos pensées et émotions les plus profondes. Vous pouvez écrire tout ce qui vous passe par la tête. Choisissez de préférence un moment dont vous n'avez jamais parlé en détail. Ce doit être quelque chose qui vous a affecté profondément. Écrivez ce qui s'est passé, ce que vous avez ressenti et ce que vous ressentez aujourd'hui à ce propos. »

L'objectif de ces recherches était de mesurer le rôle que peut avoir l'écriture face aux difficultés. Les résultats ont démontré que les participants, au cours des mois qui ont suivi l'expérience, ont éprouvé moins d'anxiété, se sont rendus moins souvent chez le médecin que le groupe de contrôle, étaient en meilleure santé, se sentaient mieux émotionnellement et plus extravertis. Le même exercice, organisé sur des personnes d'autres cultures que les États-Unis, a produit des résultats identiques.

L'expérience a été reconduite avec pour consigne, cette fois, d'évoquer un souvenir formidable et positif en insistant sur une description des sensations, des émotions et des détails, afin de revivre la scène comme si on y était. Là encore, les participants ont été en meilleure santé et de bien meilleure humeur pendant les semaines suivantes.

Tenir un journal régule nos émotions et offre un lieu sécurisé pour se défouler. Il ne s'écrit pas pour être lu par autrui, sinon il est autocensuré. Il est crucial, pour en tirer tous les bénéfices, de savoir que personne d'autre que soi ne le lira. Jamais. Il peut prendre différentes formes : listes, phrases courtes, scrapbooking, mots, photos, ou tout cela réuni. Il est aujourd'hui facile de créer un mot de passe pour protéger un document sur son ordinateur. Les cahiers à cadenas de notre adolescence cherchaient déjà à procurer un sentiment de protection pour se révéler.

Écrire pour avancer

Si les bons souvenirs doivent surtout être rejoués, les contrariétés et traumatismes doivent être analysés pour avancer. Écrire permet de relâcher les tensions que nous accumulons et apporte de la cohérence à ce que nous ressentons.

La régularité de cet exercice m'a toujours semblé parfaitement fastidieuse, là aussi, pas du tout mon genre. Et peut-être aussi par esprit de contradiction familial, cela ne m'avait jamais attiré.

J'ai pourtant ouvert la première page de mon journal il y a un an exactement. Le jour où j'ai suivi la portion du programme consacrée à cette forme d'écriture. C'est devenu un de mes rituels, dans la catégorie sporadique. Je n'écris pas tous les jours car cela me contraindrait, mais je le fais surtout dans trois circonstances : quand ça ne va pas, quand ça va très bien et quand je me sens comme une Cocotte-Minute. Dans ce dernier cas, je reconnais penser a priori que j'ai tellement de choses à écrire que je vais y passer la nuit. Et dès que mes doigts organisent mes pensées pour former des phrases, l'ordre revient presque immédiatement. L'entrée du jour n'a finalement rien de démesurée et je peux reprendre le cours de mes pensées, déchargées de ce bouchon. Vraiment.

Je me construis aussi une mémoire grâce à ce document. La mienne court après l'avenir, alors je n'imprime pas toujours ce qui m'arrive sur le moment. Relire des morceaux de cette dernière année m'amuse. J'y trouve des doutes récurrents qui me font sourire a posteriori, j'y retrouve des instants magiques qui s'étaient dissipés et j'y croise des montagnes injustifiées qui m'incitent au calme face aux prochains obstacles. Je ressens une tendre familiarité à sa lecture. Je n'ai jamais relu mon journal en entier, en un seul bloc. Ne serait-ce qu'au bout d'un an, c'est déjà fastidieux, mais je l'ai comme témoin si j'ai besoin de discuter avec moi-même de certaines réactions que je peux avoir.

Raconter une histoire est la forme la plus efficace d'écriture pour donner du sens à nos aventures. Cela nous pousse à nous souvenir des détails et décrire une émotion positive crée de nouveaux circuits cérébraux plaisants. Cela rend aussi notre vie compréhensible et plus gérable, car nous en voyons la direction. Parfois même plus prévisible. Ça donne confiance.

Mais la vertu de l'écriture qui me séduit le plus est de permettre de cesser de ruminer. Lorsqu'on marine dans son désespoir, sa rancœur ou sa tristesse, décrire, organiser et trouver du sens à une situation offre la possibilité de percevoir les schémas de ses propres réactions. Le recul couché sur papier est un rempart contre nos répétitions empoisonnées.

Ne pas oublier, en racontant les instants positifs, que leur souvenir est un déclencheur de kif. Ne pas lésiner sur le bonheur ressenti, y décrire, de temps en temps le « meilleur de

Inventer ses rituels

soi-même », y conserver la liste des « cent choses » que l'on veut vivre ou réaliser, et y inscrire ses objectifs lorsqu'ils nous passent par la tête. Prendre une photo avec son téléphone portable est une autre forme de journal. Celui de la réminiscence des jolis moments qui alimentent nos circuits positifs. C'est le rôle inévitable des albums de photos, ancêtres des galeries iPhoto qui figurent parfois encore sur nos étagères. Par défaut, on peut déjà commencer par là.

On retire le maximum de bonheur d'une expérience en l'anticipant, en la savourant, en exprimant son bonheur auprès de quelqu'un et en se la remémorant. Écrire dans un journal clôt ce processus.

Lorsque je médite, je me sers de mon téléphone portable comme indicateur du temps écoulé. Une application (Zen Timer) développée à cet effet émet un ravissant bruit de gong comme signal de début, d'étape et de fin. Le temps de rouvrir les yeux, et un message de mon choix apparaît. J'ai choisi de me féliciter par un : « Bravo, tu l'as fait ! » Puis, d'une pression, j'ouvre la fenêtre du « journal de méditation » et j'y inscris une pensée, la situation du moment, ce qui me passe par la tête ou quelque chose à ne pas oublier dans la journée. C'est un journal de l'instant. C'est mon atterrissage.

Enfin, pour un petit coup de fouet les jours un peu gris, il reste l'exercice de la baguette magique qui consiste à transformer par écrit tous ses problèmes en se décrivant ayant réglé tous les déficits de sa personnalité et ses inquiétudes financières, réparé toutes ses relations et résolu tous ses ennuis insolubles. Relativiser en déplaçant le miroir de quelques centimètres apporte toujours de la légèreté et de nouvelles idées.

Se dépenser
trois fois par semaine

Pendant toute ma scolarité, je n'ai jamais franchi la barre des 90 cm au saut en hauteur. J'ai toujours honni les sports collectifs et fui ceux impliquant le moindre ballon. Toutes les maladies de mon enfance sont survenues les jours où il y avait gym et je n'aime pas me baigner parce que ça mouille. En deux mots, le sport n'a jamais été mon ami.

Et pourtant…

Tal Ben-Shahar évoque une drogue miracle qui calme, booste l'estime de soi, aide à réfléchir, nous embellit, améliore notre vie sexuelle, qui est légale, sans effets secondaires, gratuite et disponible sans ordonnance. Il s'agit d'un cocktail de trois fois 30 minutes d'exercices d'aérobic par semaine plus 10 minutes de respiration profonde, 8 heures de sommeil et 12 câlins par jour.

Martin Seligman considère que le corps doit être pris aussi au sérieux que l'esprit lorsqu'il s'agit de notre bien-être et que l'observation du rapport que nous entretenons avec lui fait partie de la psychologie positive.

Diverses études rapportent que les gens qui font de l'exercice régulièrement sont en meilleure santé, ont la pensée plus claire, dorment mieux et retardent les accès éventuels de démence. L'exercice régulier donne la pêche. On pense, à tort, que cela fatigue, mais c'est le contraire qui se produit, cela donne de l'énergie. Plus particulièrement encore à ceux qui sont sédentaires. Une étude a démontré que 20 minutes d'exercice trois fois par semaine pendant six semaines augmentent le dynamisme de personnes souffrant de fatigue chronique. La modernité nous prive de l'effort physique. Nos ancêtres marchaient beaucoup et notre espèce est bâtie pour en faire bien plus que de prendre ascenseurs, escalators et automobiles. Nous sommes conçus pour chasser et cueillir, pas pour commander une pizza. Les maladies mentales augmentent plus rapidement dans les pays développés, en partie aussi pour cette raison. L'exercice est un besoin vital et notre paresse a un coût émotionnel, physiologique et même financier pour la société.

Bouger aide à lutter contre la dépression

En 2000, le psychologue Michael Babyak et ses collègues ont réuni 156 patients souffrant de dépression sévère[1]. Ils les ont répartis en trois groupes. Le premier a été traité par antidépresseur, le second en faisant de l'exercice physique et le

---

1. Babyak et al., *Overcoming Depression*, 2000.

troisième en combinant les deux. La « dose » d'exercice s'élevait à 30 minutes trois fois par semaine.

Au bout de seize semaines, plus de 60 % des participants allaient mieux et les différences de traitement n'étaient pas significatives, si ce n'est qu'il a fallu un peu plus de temps aux patients ne faisant que de l'exercice pour se sentir mieux. Dix mois plus tard, les taux de rechute étaient de 38 % dans le premier groupe, contre 31 % dans le deuxième et seulement 9 % dans le troisième. On peut donc presque considérer que de ne faire aucun exercice revient à s'administrer des dépresseurs. Nous sommes faits pour bouger.

Le mouvement procure des bénéfices psychologiques, entre autres une meilleure estime de soi et une diminution du stress et de l'anxiété, particulièrement dans les moments difficiles – qui semblent paradoxalement offrir une excuse en or pour ne pas faire de sport. L'exercice physique est aujourd'hui considéré comme un traitement complémentaire contre des symptômes cliniques : psychoses, schizophrénie, troubles de l'attention, etc.

Aux États-Unis, on peut suivre sa thérapie en marchant. La promenade dans le parc fait partie de la séance.

Se dépenser aiderait à retrouver la mémoire

Une équipe de neurologues de l'université de Columbia, à New York, vient de démontrer que la pratique d'exercices aérobics génère de nouvelles cellules dans l'hippocampe des souris. Cette partie du cerveau est nécessaire à l'activation de la mémoire. Or, seuls les cerveaux des enfants créent habituellement de nouvelles cellules cérébrales. Les cerveaux adultes, eux, en perdent dès l'âge de trente ans.

Une équipe de chercheurs californiens a poursuivi cette expérience afin de démontrer que le même phénomène se produit chez les humains. Elle est en train de travailler sur la prescription sportive idéale pour retrouver ou maintenir sa mémoire.

En attendant, d'autres experts ont mis en évidence la relation entre l'exercice physique et la performance mentale. Des écoliers connaissant de sérieuses difficultés en mathématiques ont vu leur emploi du temps réorganisé, avec une demi-heure de sport avant chaque cours de maths. Les progrès en compréhension et en logique ont été significatifs.

Étrangement, ces arguments-là me touchent plus que les transformations amincissantes promises. Rien ne me désespérerait plus que de ne pas me souvenir de ma vie.

S'y mettre

Alors voilà. Par où commencer ? Doucement est la clé de l'introduction de ce rituel. Progressivement, petit à petit, en suivant son bonhomme de chemin. Bref, comme on peut.

Ce matin, j'ai couru six kilomètres. Parce que c'est devenu ma distance préférée. Quand on me regarde trottiner, imaginer que je cours aussi loin ne vient pas à l'esprit, pourtant j'ai beaucoup progressé.

J'ai finalement essayé il y a bien plus d'un an. Profondément agitée par le stress d'un projet qui se lançait début septembre, j'ai chaussé en plein été une paire de chaussures de course en pensant que ça pourrait peut-être me défouler. J'ai commencé par un chemin tout en descente avec une petite montée finale, que j'ai prise en marchant. Je venais de faire le premier jogging de ma vie. Depuis, je n'ai jamais vraiment arrêté. Des deux premiers kilomètres de cette petite boucle, je suis passée à six, en campagne.

À Paris, il m'est plus dur d'aller loin et de courir aussi longtemps. Les tours de parcs me lassent, alors j'explore mon quartier en pente mais, d'une manière ou d'une autre, je finis toujours par descendre les marches du Sacré-Cœur en rentrant chez moi.

Les statistiques révèlent qu'on a plus de chance de maintenir sa routine sportive en l'exerçant à deux ou plus. Ça n'est pas vrai pour tout le monde. Je n'ai couru que deux fois avec quelqu'un de toute ma carrière et je me sens tellement plus en paix en le faisant toute seule. J'ai accepté que j'aimais courir après m'être achetée un iPod. La musique m'empêche de m'entendre respirer et souffrir. Nous sommes nombreux à être soutenus par une distraction. Quand, au quatrième kilomètre de mon itinéraire provençal, je débouche d'une forêt ocre au sommet d'une descente à la vue vertigineuse, je vole. Ce matin encore, je me suis surprise en train de me remercier d'être venue. Les odeurs et les paysages sont époustouflants. Je faisais la course avec le soleil pour attraper la nappe de brouillard de fin de nuit qui flottait dans la plaine. Le soleil m'a battue. Dans ces moments-là, mon corps prend mes pensées en main pour me distraire de ma vie du reste du temps.

Je pensais que c'était impossible pour moi de ritualiser la course à pied. Mes parents et frères et sœurs, témoins de mon début de vie antisport, n'y croient pas encore tout à fait. Je reste moi-même surprise d'aimer cela. De vraiment aimer cela même. Une partie de moi continue à hésiter à y aller à chaque fois, mais cette voix fait plus partie de mon rituel que d'un vrai refus. Je cours aussi en hiver et malgré le charme de mon ascenseur, je ne le prends pas. Nous avons été conçus pour partir à la cueillette alors je grimpe au cinquième étage de mon arbre en hommage à nos ancêtres.

Pour mettre le pied à l'étrier, Ben-Shahar suggère de s'inspirer de la politique du sénat de Rome : *DIVIDE ET IMPERA*. « Diviser pour régner » : couper l'objectif en morceaux. Commencer par de petites distances, mais accepter de sortir de sa zone de confort. Même lorsqu'on court régulièrement, après une interruption, notre inconscient associe le retour à la course à de la douleur, anticipant de retrouver ses chemins cérébraux antérieurs. Plus on attend, plus cette impression est forte.

Un des premiers freins pour se lancer est l'excuse du manque de temps. Là aussi, moins on en a, plus on gagne à bouger. C'est dans les périodes de surcharge que j'en ressens le plus de bénéfices. La demi-heure volée pour partir à la cueillette produit ses meilleures baies. Je ne cours que le matin. La faute à la ritualisation. Si je devais débattre ou choisir d'autres moments, je n'irai probablement pas du tout.

Pour s'y mettre, la première chose à faire est donc… de s'y mettre. Le tout est de survivre aux cinq premières minutes, ensuite c'est parti. Et puis, un jour, cela devient un kif. Ça n'est désormais plus seulement un investissement indispensable pour mon bonheur et mon cerveau, c'est devenu une part irremplaçable de mon plaisir.

Sortir faire du sport demande de s'autoriser à être heureux, dit Ben-Shahar. Le moment où l'on chausse ses baskets est l'occasion de choisir si on mérite de l'être. Si la réponse est oui, l'impulsion d'aller courir ne fait qu'exprimer la conviction de l'inconscient. Ça dispense d'un long débat avec soi-même.

Manger un raisin sec

Mais si le sport ne vous tente pas, il existe d'autres moyens de stimuler la partie de notre cerveau qui nous signale que nous sommes heureux. L'activation de notre cortex préfrontal gauche est à l'origine de nos sensations de bonheur. De grands méditants, moines bouddhistes pour la plupart, harnachés à des instruments de mesure en tout genre, ont permis de le démontrer. D'après les observations de Richard Davidson, de l'université du Wisconsin, les moines pratiquant une méditation quotidienne (le Dalaï-Lama et Matthieu Ricard en font partie) sont les hommes les plus heureux du monde. De son côté, le Pr Andrew Newberg a décelé, lors d'observations radiologiques, qu'en plus de cette activation cérébrale, une autre portion du cerveau « s'éteint » au cours de la méditation, conférant à son propriétaire la perte de la notion de son corps, de l'environnement et du temps qui passe. Il se crée ainsi une impression d'éternité par ailleurs inégalable.

De toutes les épices de mon placard à bonheur, celle-là a été pour moi la plus difficile à ritualiser. Parce que, bien que tentée par cette pratique, je ne savais pas très bien par où commencer. J'avais, jadis, pris un rapide cours de méditation à l'université, mais m'étais toujours endormie en la pratiquant. Cette année, j'ai cherché d'autres voies.

La pleine conscience

Le hasard m'a fait croiser la route de John Kabat-Zinn. Lors d'une soirée, il nous a exposé sa définition de la méditation en pleine conscience, qui consiste à accueillir tout ce qui survient au cours de la période de concentration. Il nous a guidés lors d'une rapide démonstration, puis décrit les applications qu'il avait mises en place dans les hôpitaux pour aider les patients chroniques à mieux tolérer la douleur. Les bienfaits de cette technique sont nombreux et toujours destinés à adoucir, enrichir, apaiser et dynamiser la vie de ceux qui la pratiquent. L'anxiété diminue, l'humeur se réjouit, le cortex préfrontal gauche est activé et le système immunitaire gagne en défense. La soirée est passée vite, le climat que dégageait ce petit monsieur était d'une sérénité magnétique, mais la pratique me semblait encore bien éloignée de mes aptitudes. Alors un samedi après-midi, je me suis inscrite à un cours de méditation en pleine conscience dans mon quartier.

L'exercice qui m'a le plus parlé consistait à manger un raisin sec. En trente minutes. Ce jour-là, j'ai compris de quoi parlait Kabat-Zinn. Cet instant pendant lequel du bout des doigts, on explore les crevasses d'un grain de raisin comme on visite un paysage. Où chaque papille a quelque chose à dire si on prend la peine de l'écouter. Où la salive devient un tsunami adoucissant emportant dans son flot l'embarcation en réhydratation. Une demi-heure passée avec le même raisin sec offre une sacrée occasion de converser avec lui. Mais le professeur n'expliquait que peu, promettant que le cours suivant apporterait les réponses à nos questions de fond et de surface. En ressortant, je ne détenais ni clé supplémentaire, ni encore le désir de continuer cette formation plus avant.

La bienveillance

Pourtant, deux semaines seulement de pratique de méditation permettent de déceler des transformations dans le cerveau des pratiquants. Alors j'ai continué à bricoler un peu entre mon mantra de jeunesse et des souvenirs de raisin sec. Mais c'est finalement au volcan islandais Eyjafjöll que je dois mon premier plaisir en méditation. Pascaline, ma sœur aînée vit à New York et s'est trouvée bloquée chez nous par les cendres du volcan qui encombraient l'espace aérien transatlantique. Au petit déjeuner, nous avons parlé de méditation et elle m'a offert les enregistrements de son cours de méditation *metta*. Cette tradition bouddhiste ancestrale, aussi appelée « méditation de la bienveillance » ou de « bonté aimante », est destinée à développer l'amour et à transformer une éventuelle colère en compassion. On commence la méditation en s'adressant de la bienveillance de façon très concrète :

Puissé-je me sentir forte,

Puissé-je me sentir en sécurité,

Puissé-je me sentir heureuse,
Puissé-je me sentir en paix,
Puissé-je vivre dans la douceur...
...et tout autre intention que l'on a pour soi-même.

Ceci se répète ensuite en dirigeant les mêmes intentions vers quelqu'un qui nous a fait du bien, puis vers un ami, puis vers une personne neutre, puis vers quelqu'un avec lequel les relations sont difficiles, voire vers un ennemi si on en a un, puis enfin vers tous les êtres. Les résultats de cette méditation ne sont plus à démontrer : plus de sérénité et de joie, moins de colère, de stress et d'angoisses.

Mais surtout, pour la première fois, je me suis sentie immergée dans l'instant en la pratiquant. Et j'ai ressenti ne plus vouloir m'arrêter après la sonnerie de mon petit gong électronique. Ma sœur m'a fait un cadeau exceptionnel, elle m'a offert le canal qui m'a permis d'effleurer ma capacité à méditer. Et, depuis, à la ritualiser. C'est ma deuxième activité après m'être lavé les dents le matin. Si je ne le fais pas là, je ne le ferai pas de la journée. Un ami hospitalisé à qui je demandais s'il parvenait à méditer m'a répondu que non. Il avait l'habitude de méditer dès qu'il sortait de son lit ; comme à l'hôpital il n'en sort pas, il ne médite pas. Je le comprends.

La méditation de gratitude

Le psychologue Robert Emmons recommande pour sa part la méditation de gratitude. Il s'agit, les yeux fermés, de poser la main sur la région de son cœur et de visualiser le souffle qui entre et sort par cette zone. Lors de cette respiration profonde, on se concentre sur un sentiment sincère d'affection envers quelqu'un que l'on apprécie ou de reconnaissance pour un élément positif de sa vie. Plus encore que de penser à cette personne ou à cet élément, il est important de ressentir l'amour et la gratitude qui en découlent.

Lorsqu'on pratique cette méditation, conçue par l'institut HeartMath de Boulder, le rythme cardiaque devient harmonieux et équilibre le système nerveux. Ces bienfaits renforcent notre système immunitaire et notre équilibre hormonal, réduisant les effets du stress sur celui-ci. Sur un plan strictement physiologique, la pratique de cette méditation pendant un quart d'heure produit de l'immunoglobuline A, qui est le principal anticorps qui nous protège contre les virus. Peut-être est-ce pour cela que les personnes qui éprouvent de la gratitude vivent plus longtemps que les autres. C'est vraiment un geste de santé.

Respirer

Mais penser à respirer est probablement l'entrée la plus simple vers une vie plus légère. Trois respirations profondes suffisent à nous relaxer. Au feu rouge, avant de passer un coup de fil, pendant que l'on travaille, avant de s'endormir, quand on s'ennuie. Toutes les situations permettent d'y avoir recours.

C'est un minitemps de récupération dont on peut parsemer sa journée :

S'asseoir confortablement, le dos droit, les pieds à plat sur le sol (ou se coucher).

Visualiser un fil qui part du bas des reins et monte vers le ciel en passant par l'arrière du crâne.
Redresser le cou.
Poser les mains sur le ventre.
Fermer les yeux.
Inspirer profondément en gonflant le ventre.
Expirer en le relâchant,
trois fois…
…ou plus.
C'est simple,
Et c'est bon.

Le tantra m'a surtout appris à faire cela. Après chaque atelier, des respirations élaborées se pratiquent quatorze matins de suite pendant 30 minutes. Le souffle rentre par le ventre et sort par le front. Ou rentre par le cœur et sort par le crâne. Parfois, il trace un cercle du sternum aux omoplates en passant par-dessus la tête.

C'est une pratique vivante qui demande de la concentration et pas mal de visualisation pour suivre l'air qui nous traverse. Ça donne de l'énergie, c'est marrant. La journée commence avec un cerveau hyper-oxygéné et les organes tous au travail. La machine s'en trouve prête à rugir. Y compris de plaisir.

Prendre un cours de yoga

J'aime ça. Mais alors j'aime vraiment ça. Je pense que je le dois à l'école sur laquelle je suis tombée par hasard. Pas trop loin de mon bureau, c'était le critère. J'y ai rencontré mes

Sorcières d'Eastwick[1]. Trois sublimes professeurs, une blonde, une brune et une rousse. Toutes capables de se frotter le nez avec les doigts de pied. Derrière le bureau, Arun, yogi indien – tel Jack Nicholson – qui a formé ces dames. Il parle peu, mais sa présence solennelle avertit qu'ici ça travaille.

J'y suis allée car je voulais, dans l'ensemble de ma vie, plus de souplesse et de légèreté. Ne sachant pas vraiment par où commencer, je me disais qu'atteindre le sol serait un signe de progrès. C'était il y a cinq ans. Depuis, mes mains ont trouvé le plancher et ma vie a fait des sauts périlleux. Mon corps est satisfait de cette mesure, car de lui ou moi je ne sais pas qui contrôle l'autre, mais nous n'avons plus mal partout et aimons nous y rendre ensemble.

Le vendredi soir est sacré. Je me fais hypnotiser par Myrto (la brune). Myrto, c'est la grâce. L'observer prendre une pose donne l'illusion d'être dans la même qu'elle. Il n'y a pas un miroir dans ce studio. La sensation est strictement intérieure et c'est tant mieux. Elle a l'air d'être en apesanteur et moi certainement aussi. Oui.

À 18 heures, c'est le cours archi-spécial de relaxation. Sa voix est un souffle. Les gestes sont lents et la respiration régulière du début jusqu'à la fin des figures. Un peu de travail debout, puis beaucoup de poses couchées. Le cerveau se débranche littéralement. Comme une séance de méditation au résultat garanti, l'impression de flotter en plus. De ce monde parallèle, je capte encore miraculeusement ses ins-

---

1. Titre d'un film de George Miller (1987).

tructions et s'en suivent des mouvements orchestrés. Mais en réalité je ne suis plus là du tout.

À 18 h 57, Myrto caresse mon échappée de cette phrase rituelle: « Mettez-vous en position assise. » Nos corps se réveillent et s'érigent dans un souffle. Retour du très profond.

L'absolu talent de Myrto est de provoquer en nous la subtile cohérence cardiaque de la méditation de la gratitude tout en nous faisant bouger. La semaine est maintenant vraiment terminée.

Pratiquer le yoga a aussi démontré son lot de bienfaits: donner de l'énergie, augmenter les défenses immunitaires, améliorer la souplesse et l'amplitude des mouvements, faire baisser la pression artérielle, apporter plus de concentration, tonifier et fortifier les muscles, augmenter la capacité respiratoire et l'endurance. Mais, en plus, ça me dépayse. J'y repousse mes limites. Dans quelle autre circonstance me serais-je mise debout sur la tête ou sur les mains? Ce que je redoutais de rater en EPS à onze ans me rend aujourd'hui fière comme un pou. Tout arrive.

Récupérer

Toujours dans le souci de se connaître pour profiter le mieux possible du voyage, se pose la question de notre résistance au stress. Une vie sans stress n'est pas une vie saine, car elle n'implique aucun effort. La tension d'un muscle le renforce, quand l'exagération de l'entraînement peut le déchirer ou le blesser. Le stress parsemé dans nos vies nous rend résilients, résistants et construit notre capacité au bien-être, à la joie et au succès. Mais lorsque la coupe est pleine, on se sent dépassé. L'impuissance nous gagne alors, la montagne devient de plus en plus haute, le désespoir fait son entrée et, dans les cas extrêmes, laisse sa place à la dépression.

Les débordements du stress ont un coût colossal sur notre organisme. 80 % des maladies sont provoqués par des facteurs psychologiques, véritables éponges de tout ce qui nous dépasse. Le stress n'est que l'un d'entre eux. Là aussi, la psychologie positive reformule la question à se poser : que pratiquent ceux qui mènent des vies plaisantes malgré la présence du stress au quotidien ?

La piste la plus avérée est celle de la récupération. Plus que son temps, c'est son énergie qu'il faut gérer. Se donner à fond, puis se reposer. Bison Futé nous recommande un arrêt toutes les deux heures lors de longs trajets en voiture. Tous ceux qui conduisent connaissent les picotements de la fatigue et le besoin de bouger ses jambes. Les signes sont clairs et faciles à écouter, car les aires d'autoroutes nous tendent les bras pour cela.

Dans la vie de tous les jours, la démarche à adopter est exactement la même. Le marathonien se pousse jusqu'à l'extrême limite, en une seule fois. Mais pour se ménager sans perdre de sa vigueur ou de sa productivité, l'objectif est de privilégier les sprints, intercalés de plages pour se reposer et reconstituer ses forces. Les limites de notre concentration se situent entre 60 et 120 minutes. Les recherches du Pr Pudlow à la Harvard Business School parlent de 90 minutes comme durée moyenne d'attention tenable pour un travail intellectuel, durée qui nous rend plus créatifs, plus heureux et plus productifs. Mais, à quelques minutes près, nous sommes tous différents : reste donc à identifier le moment où la clarté se sent faiblir pour introduire 15 minutes de pause.

Passer un coup de fil, respirer, méditer, lire le journal sont des intervalles régénérants. Toujours adepte de technologies innovantes, j'ai trouvé pour mon téléphone une application hypnotisante dont les pétales de fleurs qui grossissent et se rétractent guident une respiration consciente et calmante. Mais chacun a son truc.

Les micro-récupérations se comptent en minutes ou en heures : un quart d'heure de méditation en cours de matinée, une heure de sport ou de yoga dans la journée, quelques mouvements entre les deux ou une soirée de vraie détente pour se remettre de sa journée. Les récupérations moyennes se comptent en nuits ou en journées. Le week-end est la plus répandue, mais le sommeil est capital dans l'équilibre qui nous est indispensable. Viennent ensuite les macro-récupérations, celles qui se comptent en semaines, en mois ou en années. Ça s'appelle des vacances ou des périodes sabbatiques.

Les récupérations peuvent se ritualiser pour nous assurer qu'elles ont lieu. On peut se fixer de travailler par périodes de 90 minutes, couronnées par 15 minutes d'interruption. Mais la flexibilité a toute sa place dans ce dispositif, en fonction des tâches et des circonstances en cours. Pour créer, nous devons impérativement « récréer ».

En Corée du Sud, le temps de sieste est compris dans le contrat d'embauche des employés. Ce besoin est reconnu comme indispensable. En Occident, les recherches sur les environnements de travail concluent que ceux qui nous sont favorables nous offrent la possibilité d'avoir accès à de l'espace et du silence. Ils permettent aux employés de s'aménager un univers personnel par la présence d'objets ou de photos. Ils offrent la possibilité de bouger et encouragent les temps de répit. Il ne s'agit pas de moins, mais de mieux travailler, et de privilégier les conditions de concentration.

Il m'est déjà arrivé de me coucher « sous mon bureau » ou de trouver un coin tranquille dans le bâtiment pour m'assoupir un petit quart d'heure. Lors de périodes de grosse pression et de longues journées, mais plus naturellement aussi pour laisser passer un « coup de pompe ». La visualisation est alors ma meilleure alliée. Je regarde l'heure et définis l'horaire de mon réveil. Dix, quinze ou trente minutes. Et, à chaque fois, je me réveille une minute avant l'heure choisie. Sauf lors des siestes du week-end où mon organisme reprend la maîtrise de son repos et n'en fait qu'à sa tête. Je ne croyais pas les gens qui clamaient contrôler la durée de leurs microsiestes, mais c'est aujourd'hui une de mes compétences qui me réjouit le plus. Je m'y suis lancée sans formation, en réponse à l'impossibilité de rester éveillée une minute de plus, mais en tenant compte des impératifs de temps de mes obligations. Auto-efficacité.

Un adulte dort en moyenne 6,9 heures par jour pendant la semaine et 7,9 le week-end, soit 20 % de sommeil en moins qu'en 1900. Nos vies sont plus pleines et l'électricité nous permet de ne plus nous coucher avec le soleil. Alors l'organisme est en manque de repos. On s'ajuste à la somnolence, mais les carences de sommeil impactent notre mémoire, affaiblissent notre système immunitaire, ralentissent notre métabolisme et peuvent aller jusqu'à provoquer des gains de poids. Lors de la mesure aléatoire de bonheur à laquelle j'ai répondu pendant deux semaines, mon bien-être était corrélé à mes heures de sommeil. Je passais les meilleures journées après une nuit de sept heures. Le savoir permet de le prévoir.

Se toucher

Toucher et être touché ne sont pas un luxe, mais deux besoins absolument essentiels à notre développement. Le contact entre deux personnes sécrète dans le cerveau des substances comparables aux opiacés utilisés pour combattre la douleur.

Une caméra placée dans un service de grands prématurés a révélé que, malgré l'interdiction de toucher les bébés, une infirmière de nuit les prenait chaque soir dans ses bras. Elle les câlinait. Ces bébés-là grandissaient une fois et demie plus vite que ceux des autres services. Lorsque l'on retire un bébé singe à sa mère, il perd ses facultés d'apprentissage et sa santé se dégrade. Le scandale des orphelins de la dictature roumaine, entassés dans des hôpitaux sans autres soins que de la nourriture et du change, a laissé 150 000 enfants prostrés et plus petits que le reste de leur génération.

Pour survivre, nous avons besoin de quatre contacts physiques avec un autre humain par jour. Huit correspond à une bonne dose d'entretien et douze nous permettent de nous épanouir. Un contact de « qualité » dure 6 secondes minimum.

Se prendre dans les bras diminue le stress, augmente l'intimité et réduit même la douleur. Lors d'une étude effectuée en 1999, des participants ont reçu l'instruction de pratiquer cinq étreintes par jour pendant un mois. Elles étaient toutes plus heureuses à la fin de l'étude. Dans nos contrées, se prendre dans les bras est culturellement moins courant que de se faire la bise. Mais j'avoue qu'un vrai gros câlin avec mes très proches est inégalable. C'est un instant où tout le monde gagne en épanouissement. Si je touche, je suis touchée et inversement.

Ranger

Je me suis inspirée du projet rangement que dresse Gretchen Rubin[1] dans le récit de son projet de bonheur. Ranger n'a pas encore été étudié par les sociologues et les spécialistes de la psychologie positive, mais c'est pour moi une source de simplification et de contrôle de mon environnement, de reprise du pouvoir sur ma destinée et de soulagement.

Je ne suis pas une rangeuse en série, car si un objet qui n'est pas de première nécessité disparaît de ma vue, je considère qu'il n'existe plus. Si je ne le vois plus, je n'irai jamais le rechercher, alors je le garde à portée d'œil. La pile de pulls au fond de l'étagère, par exemple, ne sert jamais.

Une étude démontre que si on élimine les objets « en trop » dans la maison, on diminue de 40 % le temps de ménage. L'invisible aussi nous alourdit : les tâches non termi-

---

[1]. Gretchen Rubin, *The Happiness Project : Or Why I Spent a Year Trying to Sing in the Morning, Clean my Closets, Fight Right, Read Aristote and Generally Have More Fun*, Harper Collins, 2010.

nées, les relevés de banque et les courriers pas encore classés qui créent une angoisse dès qu'on a besoin de l'un d'entre eux. Pour diminuer les documents à organiser, je me suis abonnée aux factures électroniques, malgré la trouille d'égarer mes mots de passe.

Mais ma vraie motivation sur ce chantier m'est venue de la panique que j'ai éprouvée devant une maison à déménager. C'est quand il faut les emballer et leur définir une destination que les objets révèlent leur poids réel. J'ai aussi connu la jouissance très passagère du placard vide en emménageant. La virginité de l'étagère est un cadeau céleste. Gretchen Rubin a identifié plusieurs natures d'encombrants. J'y ai ajouté quelques-unes des miennes.

- *La sélection sentimentale:* ce sont les objets marqués d'un souvenir nostalgique. Chez moi, c'est à peu près tout, mais sans aucun regret. Je chine en permanence. Chaque objet a son histoire. Je confesse des vieux T-shirts à message datant de mes années de fac et des crayons de couleur injettables car achetés à Tokyo. Les cadeaux reçus figurent dans cette liste. C'est celle qui peut poser un dilemme moral ou coupable.
- *L'amas utile:* il regroupe tout ce qui sert à quelque chose, mais ne nous sert à rien. La vis en plus du meuble Ikea, les logiciels, drivers et autres extensions des anciens appareils de bureautique, l'adaptateur anglais d'un téléphone portable et de la connectique en pagaille. Quatre sets d'assiettes, dont celles offertes à mes parents pour leur mariage en 1957, celles achetées à la va-vite pour la campagne et celles rapportées du Portugal. Nous

dînons tous les jours dans des assiettes blanches que personne n'a peur de casser, il y en a plein les rayonnages de notre fournisseur favori, ça décomplexe. Les cintres : les fins, les gros, les hauts, les bas, les récupérés, les achetés, ceux en plastique, en bois, en métal, mais surtout CEUX EN TROP.

- *Le rayon primes et soldes :* ce sont les bonnes affaires qui nous ont forcé la main. Le pull à paillettes, la jupe un peu trop petite, le ciseau à six lames fourgué sur le marché de l'été par un vendeur à gouaille, le set de verrines-toujours-dans-le-carton envoyé par un vépéciste. Les éradiquer supprime la culpabilité que l'on ressent de ne jamais s'en servir.
- *L'assortiment préventif :* acheté au cas où et parce que ça peut toujours servir. J'en suis atteinte dans les grandes surfaces excentrées. Comme j'y vais rarement, j'y prends les devants : bougies, serviettes, verres pour remplacer ce qui casseront, la cocotte en plus, mais aussi les collants noirs, des réserves de vinaigre et de moutarde, parce qu'on s'en sert toujours. Rentrée à la maison, il y avait déjà de tout cela dans les placards. Forcément.
- *L'équipement aspirationnel :* ce sont les objets achetés avec une ambition derrière la tête. Le pistolet à colle, le décapant à bois, la colle à céramique, pour moi. Pour mon mari, chaussures de randonnées, combinaisons de plongée, gourdes en sac et short anti moustique. Il n'est à ce jour jamais parti en expédition tropicale. Dans les deux cas, tout est intact et encore étiqueté.

- *Les panoplies dépassées :* draps décousus ou légèrement troués, taies dépareillées, vêtements rétrécis, jamais portés ou n'ayant pas quitté l'armoire depuis trois ans. J'en ai fait mon critère de tri : tout ce qui n'a pas vu le jour depuis trois ans est donné. Les rideaux de l'ancien appartement aussi. Franchement… J'ai emballé ma collection de porcelaine rouge et tous mes verres de couleur dépareillés, les tasses qui avaient perdu leur sœur et les chutes de tissu, parce que je n'ai plus rien cousu depuis cinq ans.

L'effet est garanti. Une fois qu'il y en a moins, la sensation est d'en avoir plus. Tout semble neuf parce que simplement réorganisé. On renouvelle notre regard et le cheminement de notre cerveau en modifiant ses repères. C'est tellement excitant que ça pousse à vouloir changer les meubles de place. Un regard extérieur peut être providentiel pour suggérer que la table passe à gauche et le canapé à droite. Ou que les bocaux soient alignés au lieu d'être agglomérés.

Choisir sa tenue du matin est aussi plus facile, moins angoissant parce que le choix est circonscrit. Et, là aussi, avoir revu des vêtements en les rangeant recrée le désir de les porter.

J'ai une technique pour résister à l'invasion des accessoires technologiques. Chaque nouvel appareil pénétrant chez moi a désormais son sac de congélation. J'y mets les modes d'emploi, les câbles, les disques d'installation et les embouts divers. Le sac étiqueté est rangé. Plus de nattes de fils à démêler et le jour où je veux m'en séparer, le donner ou le recycler, tout repart avec.

Une fois le rangement achevé, préparer l'avenir. Identifier les zones dépotoirs de la maison. Celles où s'entassent les « trucs » en trop : le fond des poches, les pièces de monnaie, les notes sur des bouts de papier, les boutons détachés, les clés non identifiées. Le désordre attire le désordre. Par expérience, si on cache ce récipient vide-poches, rien de ce qu'il contient ne manque à personne, et les pièces retrouvent le chemin du porte-monnaie.

Nous avons emménagé il y a un an exactement. Les étagères vides sont désormais remplies, à l'exception de deux d'entre elles que je conserve avec fierté comme rappel de mes progrès en cours. Je m'attaque désormais à notre maison de vacances qui nous supporte depuis dix-sept ans. Pour poser sur elle un regard différent, j'ouvre chaque placard comme si j'étais locataire pour une semaine. Je me suis donné un an pour en couvrir tous les recoins, organiser, évacuer, recycler, réparer, compléter. Ce qui me motive le plus est de me dire que, lorsqu'elle aura retrouvé un peu d'air, je pourrais retourner chiner et changer de décor.

Savoir s'entourer

Une des expériences les plus connues en psychologie est celle qu'a récemment répliqué « Le jeu de la mort », documentaire diffusé sur France 2. Effectuée en 1957 par Stanley Milgram, elle a démontré à quel point un individu peut obéir à un ordre contraire à ses valeurs en étant simplement pris dans un contexte d'autorité. Les participants étaient incités à administrer des décharges électriques de plus en plus fortes à de prétendus cobayes. Ceux-ci, de mèche avec Milgram, gémissaient aussi de plus en plus fort. Cette étude a frappé les esprits, car elle a révélé notre vulnérabilité lorsque nous sommes exposés à des injonctions négatives. Mais l'inverse s'avère également exact.

Chercheuse originale, Ellen Langer s'applique aussi à comprendre la connexion entre l'esprit et le corps et à démontrer l'influence de nos pensées sur notre physiologie. Porter son attention sur les possibilités plutôt que sur ce qui est inaccessible améliore, entre autres, notre bien-être physique, quel que soit notre âge. En 1974, elle a réuni des hommes âgés, physiquement amoindris et dépendants. Dans un village de vacances, Langer et son équipe ont recréé l'année 1959. Le mobilier, les programmes TV, les journaux disponibles et les conversations reflétaient le monde tel qu'il était quinze ans plus tôt, avec Frankie Avalon, Paul Anka et *Smoke gets in your eyes* des Platters sur le tourne-disque. Les participants devaient se présenter également tel qu'ils vivaient cette année-là : profession, situation familiale, etc. Au bout d'une semaine seulement, les résultats ont été frappants. Posture, taille, poids, audition, démarche, appétit, mémoire, tension artérielle, dextérité et bien-être général avaient progressé. Même les doigts atteints d'arthrose avaient rallongé. Sur les photos prises au départ, ces hommes avaient objectivement l'air plus jeunes qu'à leur arrivée. La « magie » de cette expérience démontre la façon dont nous réagissons aux indices qui nous entourent. En découvrant ces résultats, j'ai immédiatement cessé de me moquer du jeunisme forcené de certains membres de ma famille et, surtout, j'ai songé à l'importance capitale de la nature des renforcements quotidiens que l'on choisit autour de soi. Les données de cette expérience suggèrent que nous acceptons comme vraies, et sans les remettre en cause, certaines généralisations concernant la santé, telles qu'une baisse de la vue après quarante-cinq ans ou tout autre signal courant de vieillissement. J'ai moi-même précipité ce passage-là pour satisfaire la coquetterie de porter des lunettes. Je le regrette déjà.

Ellen Langer considère qu'en « trompant » l'esprit, on peut « tromper » le corps. Elle a testé cette théorie sur 80 femmes de ménage employées dans sept hôtels de Boston. À celles des quatre premiers hôtels, elle a expliqué que nettoyer des chambres pendant huit heures par jour était équivalent à faire du sport en salle. Aux trois autres équipes, elle n'a rien dit. Au cours des semaines suivantes, les premières ont perdu du poids et de la masse graisseuse et leur pression artérielle a baissé. Rien dans leur journée n'avait pourtant été modifié. Les résultats n'étaient pas spectaculaires, mais généralisés. Dans les trois autres hôtels, il n'y eut aucun progrès physique à signaler.

Une autre expérimentation porte cette fois-ci sur nos capacités intellectuelles. Des chercheurs, affirmant avoir mis au point un questionnaire capable de détecter le potentiel scolaire des enfants, ont proposé à des professeurs de l'administrer à leurs élèves. Les tests n'ont jamais été dépouillés et des noms de la classe ont été tirés au hasard. Les enfants n'étaient pas informés de cette opération. Pourtant, ceux figurant sur la liste « à potentiel » sont devenus de meilleurs élèves. Ce qui signifie que, lorsqu'un professeur attend de bons résultats de la part d'un étudiant, il les obtient. Lorsqu'un coach attend une performance d'un sportif, il l'obtient. Et lorsqu'un chercheur comportemental attend un type de réponse de la part de son sujet, il a tendance à l'obtenir.

De même, si on annonce à la moitié d'une classe qu'elle a la chance d'étudier avec le meilleur enseignant de l'établissement, les élèves concernés décriront une année fantastique et auront de meilleurs résultats que leurs camarades de l'autre portion de la classe. L'« effet Pygmalion » est le produit du regard qui est porté sur nous ou de celui que l'on porte soi-même sur une situation.

Qui nous regarde ? Et qui, dans nos vies, dépend de notre regard ?

Choisir les contextes et les gens qui nous entourent est crucial. Nous sommes des éponges, connectés aux attentes non exprimées de ceux qui vivent et travaillent avec nous. Le « climat » invisible d'une relation compte donc autant que la partie que nous voyons. Je préfère l'humour des pessimistes, mais ce sont les optimistes qui me boostent. Depuis que je prête attention à cette influence silencieuse, je me suis aperçue que certaines personnes pouvaient me donner de formidables conseils techniques tout en me sapant le moral par la contagion de leur scepticisme ou de leurs inquiétudes invisibles. Je fuis aussi ceux qui ne codent le monde qu'en catastrophes et mésaventures, car cela m'affecte trop.

J'ai la chance d'avoir su me créer un cercle d'encouragement. Il est composé de quelques individus dont je sais qu'ils attendent de moi le meilleur, quel que soit le domaine en jeu. Ils ne sont pas nombreux, mais j'ai confiance dans le pouvoir mobilisateur de leurs remarques. Certains encouragent mes travaux, certains comprennent mes amours, certains apaisent mes doutes, certains rient de mes blagues. Ils n'habitent pas tous près d'ici, je les sollicite peu souvent mais c'est ma garde positive.

En plus des attentes de ceux qui nous entourent, les détails les plus subtils s'impriment dans notre cerveau et influencent aussi nos performances. Le Pr Barg, travaillant à partir de messages subliminaux a divisé une équipe de volontaires en deux groupes. Au premier, il a fait défiler sur un écran, en hyper-accéléré, des mots associés à la vieillesse tels que

« vieux », « rides », « lent ». Au second groupe, il a projeté les mots « exploit », « succès », « tour de force », « réussite », etc. Il a ensuite assigné les mêmes tâches de résolution de problèmes aux deux groupes. Le second groupe les a achevées beaucoup plus rapidement que le premier. Cela donne presque envie de s'offrir un projecteur à encouragements.

Blague à part, ce que l'on peut retenir de ces observations est que tout compte autour de nous. Les objets, les photos, les réflexions, les souvenirs, les fleurs, les films, la musique, les livres du moment et les explorations auxquelles nous nous risquons. Tout autour de nous fonctionne comme un miroir de ce que nous pouvons attendre de nous-mêmes. Nous attachons plus ou moins d'importance à la décoration de nos lieux de vie, au choix de nos lectures et à l'importance de la nature des rapports que nous entretenons avec notre entourage. Il en va de notre vigueur, de notre jeunesse et de notre santé de veiller à tout cela. Non comme un luxe ou un bonus, mais comme le bain dans lequel nous nous révélons.

Je regarde autour de moi, mes lunettes positives sur le nez. Le relief me stimule, alors je le crée en associant des couleurs, en mélangeant des pois avec des fleurs, en habillant mes lieux de vie ou de travail d'objets joyeux et contrastés. Quand je manque d'inspiration, je vais au cinéma voir une comédie. Mes neurones rieurs me décoincent à chaque fois. Pour un rendez-vous ou une réunion importante, telle Samson, ma force me vient de ma modeste chevelure que je gonfle dans des formes variées. Le cheveu défiant l'apesanteur active mes vertus. Mon entourage en ricane, mais je me sens bien comme ça. Revêtir une veste particulière ou choisir des talons qui donnent de l'assurance, c'est se préparer, se mettre en condition, se regarder avec confiance avant de partir à la charge. Et même si, par habitude, on ne voit plus les photos qui nous font du bien dans la pièce, elles nous regardent encore.

Jouer avec les mots

On peut aujourd'hui, pour quelques euros, faire imprimer des mots, des textes, des citations ou des affirmations à coller sur les murs dans la maison. Libre à chacun de choisir celles qui motivent, questionnent ou font rire. Sur le miroir de la salle de bains, j'ai collé en lettres blanches : « What do you want ? » (Qu'est-ce que tu veux ?) pour m'inciter à explorer mes vrais désirs en me brossant les dents.

Les mots de passe ont pris une vraie place dans notre quotidien : pour ouvrir un ordinateur, des comptes en tous genres et des profils sur des sites Internet. Là aussi, choisissons des mots ou des combinaisons qui font du bien. On peut y glisser ses objectifs, ses souvenirs, ses amours ou ses autocompliments. La répétition crée dans notre cerveau la possibilité de se rapprocher d'un objectif, d'une envie, d'un succès ou de quelqu'un. À force. C'est un rappel de plus pour engager notre énergie dans cette direction-là.

Différents objectifs requièrent aussi différents contextes. Penser à choisir un lieu et une atmosphère en fonction du propos ou de l'action à réaliser. Remplir sa feuille d'impôts, réviser son cours de macro-économie, corriger un texte ou choisir des fournitures dans un catalogue peuvent se faire un jour de pluie, dans une pièce sans fard. La morosité de l'environnement n'est pas pénalisante pour achever la tâche.

À l'inverse, tout ce qui requiert une réflexion créative et généreuse, comme composer un menu, chercher des pistes pour trouver plus d'amour dans sa vie, examiner ses options professionnelles, évaluer une demande en mariage ou écrire un livre, par exemple, se fera beaucoup plus facilement sur une chaise confortable, un rayon de soleil à la main et de l'air frais dans les écoutilles. Le tout, si possible, de bonne humeur et entouré de personnes dénuées d'égoïsme et qui vous veulent du bien. Ça n'est pas si compliqué. Si ?

Faire une seule chose à la fois

Une étude réalisée à l'université de Londres par le Pr Glenn Wilson a démontré que le simple fait de garder sa page d'emails ouverte en effectuant une autre tâche exigeant de la concentration nous fait perdre dix points de quotient intellectuel. En perte cognitive, cela équivaut à avoir passé une nuit blanche. Fumer un joint ne déduit de notre QI que quatre points. Un autre chercheur, le Pr Clifford Nass, de Stanford, déduit de ses expérimentations que les personnes effectuant plusieurs tâches en même temps ont une capacité de concentration et de mémorisation systématiquement inférieure à celles qui n'en effectuent qu'une seule. Sur le plan intellectuel, il n'y a donc aucun avantage à faire plusieurs choses à la fois. Lire ses courriers électroniques est à considérer comme une activité à part entière et non comme un moment de récupération ou de détente.

La simultanéité des tâches affecte notre bien-être. Une étude effectuée auprès de femmes et portant sur les variations émotionnelles au cours de la journée a mesuré leur taux de satisfaction au travail, en réunion, avec leurs enfants ou leur amoureux. Il en est ressorti que les personnes interrogées n'appréciaient pas particulièrement le temps passé avec leurs enfants. Pourquoi ? Parce qu'elles n'étaient pas vraiment avec eux. Elles étaient physiquement présentes, mais non engagées, car occupées à prévoir ou jongler avec plusieurs tâches en même temps. Une sensation très familière.

Pour prédire la disposition au bonheur d'un individu, les chercheurs observent l'organisation de son temps. Ceux qui lui courent après ne sont pas aussi heureux que ceux qui le savourent et l'organisent pour répondre à leurs obligations sans se laisser submerger. L'équilibre se trouve entre le trop peu et le débordement d'activité. Trop peu ou trop simple ne réalise pas notre potentiel, trop à faire nous énerve au lieu de nous donner de l'énergie. Il nous faut un certain niveau de sollicitations et d'engagements pour optimiser notre productivité, notre créativité et notre bien-être. Ce juste milieu entre le vide et la saturation se compare à la qualité du service dans un magasin. Lorsqu'il y a trop peu de clients, le personnel vaque à ses occupations, indifférent à la présence des visiteurs. Lorsqu'il y en a trop, la concentration est éparpillée et les clients sont aussi négligés. Mais lorsqu'il y a juste la bonne dose d'activité, le magasin vit, son équipe est à l'affût pour répondre, encaisser, fournir et conseiller. L'ambiance générale est productive et les visiteurs se sentent pris en compte, à leur place et satisfaits.

Pour appliquer ce principe à nos activités, on nous suggère d'explorer les domaines de nos vies que nous pourrions simplifier : réduire les situations de tâches multiples, refuser des sollicitations ou limiter des engagements.

Avant de commencer, j'évalue mon point de départ sur ce thème. Je mélange beaucoup de choses. Mon petit déjeuner se prend en lisant le journal. J'ai deux ordinateurs allumés en même temps. Je travaille sur l'un pendant que l'autre reçoit les mails. Pour plus de portabilité, mon téléphone aussi reçoit tous les messages. Tous ces appareils vibrent, sonnent et grognent, espérant attirer mon attention. J'ouvre mon navigateur sur des pages multiples, jonglant entre toutes mes applications superposées. Je cuisine en rangeant la maison, soutenue par des minuteurs qui me rappellent à l'ordre. Je provoque mes propres distractions en écoutant mes envies, en juxtaposant mes préoccupations et en me laissant entraîner prioritairement par ce qui me stimule. Les horaires fixes ou les dates de remises sont les seuls arguments qui me poussent à carburer de façon continue. Je tiens à tout faire. Je place la barre très haut. Je suis, du coup, dans mon désordre relatif, en production permanente et mes plages de récupération ne se prévoient pas, elles se volent.

Théoriquement, les solutions ne sont donc pas difficiles à trouver. Éteindre quelques appareils, organiser la journée ou les périodes d'activité. S'y tenir. J'essaie. Je lutte. Un an après avoir découvert ces données statistiques irréfutables, je ne peux toujours déclarer aucun progrès de ce côté-là. Je demeure un mille-feuille agité.

Prendre son temps

Et pourtant, les pressions qui nous viennent de l'extérieur fragilisent notre volonté et l'expression de nos qualités. Une étude a été faite à Princeton auprès de séminaristes en formation. Les membres d'un premier groupe devaient se rendre de l'autre côté du campus pour donner un cours sur le Bon Samaritain secourant sur le bord de la route un homme dans le besoin. À la première moitié de groupe, il a été dit que le temps pressait et que les élèves les attendaient; à la seconde que ses membres disposaient d'une demi-heure avant le début du cours. Le second groupe, scindé lui aussi en deux dans les mêmes conditions, devait aussi traverser l'université, mais pour parler de sa foi et de son engagement à l'arrivée.

L'objet de l'étude était de comprendre ce qui nous pousse ou non à aider quelqu'un. Au cours du trajet, une personne dans l'embarras, faisant partie du dispositif, demandait de l'aide aux séminaristes. Le sujet de leur intervention n'a pas fait de différence sur leur réaction à cette demande, mais aucun de ceux à qui il avait été dit que le temps pressait ne s'est arrêté pour offrir sons assistance.

Ce qui prouve que nous sommes extrêmement dépendants de la pression du temps qui nous est imposée, au point d'en oublier nos valeurs. Ben-Shahar insiste : prendre le temps est indispensable pour laisser émerger notre véritable personnalité et réfléchir à nos objectifs, notre gratitude, notre destination et nos relations. Sauter d'urgence en urgence rend nos décisions dépendantes du contexte dans lesquelles nous les prenons. Plus nous accumulons d'obligations et d'activités, plus nous nous éloignons de nous-même.

Piquer sa curiosité

Si nous limitons nos tâches, profitons-en pour bien les choisir. Les défis et la nouveauté sont deux clés du bonheur. J'ai la chance de posséder la curiosité dans le top 5 de mes forces de caractère, alors je ne peux pas dire le contraire. Mais il est démontré que si on fait quelque chose pour la première fois : apprendre à jouer à un jeu, découvrir une destination, emprunter une nouvelle route, rencontrer quelqu'un ou visiter une exposition, on a plus de chance de se sentir heureux qu'en répétant des activités habituelles.

Nous nous acharnons à essayer de contrôler nos vies, mais notre cerveau est beaucoup plus stimulé par l'inconnu. Les émotions ressenties sont alors plus fortes et le passage du temps devient plus riche.

Pour gagner du bonheur, Seligman recommande de trouver un objectif difficile qui requiert d'étendre ses compétences. Dans la liste de mes 100 projets se trouvent : apprendre à tailler des haies, découvrir la Dordogne, suivre un séminaire formel de méditation, partir au Japon en famille et faire du yoga des yeux. Je ne sais pas si c'est difficile. Mais ma curiosité devrait être nourrie.

Il y a quelques années, j'avais organisé un groupe d'apprentissage. Comme les salons littéraires de la Belle Époque, nous nous retrouvions chez les uns et les autres. À cinq personnes que je connaissais, j'ai demandé d'en inviter une que je ne connaissais pas. Chacun, à tour de rôle, avait pour mission d'apprendre quelque chose aux autres. Une fois toutes les six semaines un talent nous était offert : création d'un parfum, origami, investissements boursiers, confection d'un foie gras au micro-ondes, cours de maquillage, tout était bon à apprendre. Ce groupe pétillait, car nous vivions des premières fois sans moyens particuliers, chacun à son tour sous les projecteurs. La nouveauté stimule le cerveau et crée de nouvelles connexions positives. Alors tournons à gauche même si on a toujours pris par la droite. On se rend un vrai service.

Dépenser son argent autrement

L'argent ne fait peut-être pas le bonheur, mais une fois qu'il est là, la façon dont nous le dépensons a une influence sur notre bien-être. Si malgré une certaine aisance, nous ne sommes pas heureux, il doit être possible d'organiser ses dépenses autrement pour mieux en profiter.

Thomas DeLeire, professeur d'économie à l'université du Wisconsin, conclut de ses recherches que les domaines de dépenses qui affectent positivement notre bonheur sont ceux qui touchent à nos loisirs : les vacances, les spectacles, le sport et ses équipements, comme un vélo ou une canne à pêche. L'argent dépensé ainsi nous rapproche d'autres personnes et nous permet de nous sentir moins seuls.

Les enquêtes faites auprès des consommateurs révèlent que nous cherchons de plus en plus à nous créer des souvenirs plutôt qu'à accumuler des biens. La multiplication des coffrets en tous genres : chambres d'hôte, massages, sauts en parachute en témoignent. Dépenser son argent pour s'offrir une place de concert, un cours de langue ou de cuisine ou une chambre d'hôtel au bord de l'eau, nous rend durablement plus heureux car nous rapproche de nous-même et construit notre histoire.

Se récompenser

Pour la psychologie positive, fournir un effort mérite d'être célébré. Attendre toute la reconnaissance que l'on souhaite de la part de son entourage est un pari possible, mais incomplet et trop incertain. Le plus sûr est encore de prendre les choses en main et de le faire pour soi-même. Je crois qu'il s'agit là de l'un de mes plus anciens rituels.

Dans les cas courants, je m'octroie une pause ou une sieste. Plusieurs heures de travail d'affilée justifient une excursion en ville pour tester une nouvelle adresse ou humer l'air du jour. Mes autofélicitations sont aussi parfois des cadeaux que je me fais, mais seulement après avoir terminé ce qui est en cours. Ils sont proportionnels à l'effort. C'est lorsqu'une récompense est personnelle qu'elle est vraiment précieuse.

La persévérance me faisant défaut, c'est surtout la fin, à l'accomplissement et lorsque le contrat est rempli que je le fête. Je reconnais accorder beaucoup d'importance à l'objectif atteint et à la destination rejointe. Mais cette promesse de bonus accentue le voyage, me donne du courage pendant l'effort et ne dépend du regard de personne d'autre que moi. Ma récompense est souvent le couronnement d'un surplus de confiance en moi acquis en cours de route. C'est un cercle d'effort et de récompense à l'ancienne qui marche très bien pour moi, mais seulement si c'est moi qui me distribue le bon point.

Ne plus procrastiner

C'est le point que je me suis réservé pour la fin, car au cours de l'année qui vient de se dérouler, c'est là que j'ai rencontré mon ennemi le plus puissant. Procrastiner, c'est ne pas faire ce que l'on devrait être en train de faire. Remettre à tout à l'heure, à plus tard ou à jamais. Se lancer dans la vaisselle au lieu de se mettre au travail, classer le courrier au lieu de réfléchir, faire des tours dans la maison au lieu de s'asseoir pour écrire. J'ai beaucoup souffert de ces contradictions intérieures. À tel point que j'ai fini par identifier deux personnes à l'intérieur de moi.

L'une « dirige la boutique ». Elle a besoin de repères sociaux clairs et d'indicateurs reconnus. Elle aime répondre à des questions comme : « Quel métier fais-tu ? » « Quels sont tes projets ? » « Comment vas-tu ? » Elle répond bien pour gagner du temps. Elle se déguise pour appartenir, aime les résultats et parle fort s'il le faut. Je lui dois beaucoup. Mes ambitions, mes succès et mon intégration au monde dans lequel je vis. Elle aspire à la persévérance qui me coûte tant.

L'autre est curieuse, gourmande et en évolution permanente. Elle se nourrit d'originalité et d'apprentissages. Elle avance en zigzag, compte ses kifs, prend des risques, cuisine et se rendort à l'heure où le réveil sonne. C'est celle qui aime le sucre, les couleurs et les peaux douces. Je lui dois beaucoup. Ma capacité d'émerveillement, le soin que je porte aux choses et aux autres, mon inspiration et des plaisirs cueillis dans les recoins.

Lorsque mes deux personnes se disputent la place du conducteur, je suis une funambule dans une porte tournante. La première procrastine et la seconde glande. Plus personne au-dedans de moi ne s'applique à ce qu'il fait le mieux. La curieuse se fait engueuler par la perfectionniste sur laquelle s'apitoie la curieuse, c'est moi qui trinque, ça fait du bruit et rien n'avance.

Sur une idée de la première, j'ai entrepris de m'organiser pour pouvoir avancer. Je suis l'une le matin et l'autre l'après-midi. En cas de journée complète en mode unique, j'offre le lendemain à l'autre. J'ai besoin que ces dames soient aussi dilatées qu'elles le méritent. Comme deux siamoises, elles partagent les mêmes organes. Elles se nourrissent forcément ensemble et l'une grâce à l'autre.

Je suis attachée aux deux et je célèbre toute cette petite bande, dont je réalise que la collaboration astucieuse est terriblement responsable de cette vie que j'aime et leurs engueulades tout aussi fautives de mes doutes et frustrations.

Mais parfois je donnerais n'importe quoi pour que les deux se taisent et que je puisse reprendre le volant.

Tal Ben-Shahar se raconte moins d'histoires que moi sur le sujet. Pour prendre le taureau par les cornes, lorsqu'on est tenté de faire autre chose que ce que l'on attend de soi, il préconise ceci :

- Se forcer pendant les cinq premières minutes de l'effort. Nous pensons devoir être en forme ou dans le *mood* pour nous mettre au travail ou gérer ce qui nous casse les pieds. C'est une illusion, dit-il. Si on tient assis pendant ces minutes-là, l'obstacle est franchi.
- Se récompenser. Prévoir la compensation ou reconnaître a posteriori l'effort qu'on a fourni. Dès que j'aurai terminé d'écrire ce livre, je pars jeûner pendant une semaine. Ça ne vous tente pas ? Moi si. Et j'ai là des chances de me créer de vrais souvenirs.
- Déclarer ses intentions publiquement. Attention, ce week-end, je range les affaires de ski. S'engager auprès de quelqu'un revient à lancer son sac par dessus le mur. Et l'entourage commence à poser des questions... Alors, ça avance ?
- Dresser des listes, se fixer des objectifs et scinder l'effort en étapes.
- S'autoriser à se récréer, c'est-à-dire à faire autre chose, par intervalles. Donc, laisser les deux personnes en moi s'exprimer et rugir. La qualité de l'expérience compte autant que l'objectif.

Ces périodes de doute ont beaucoup contribué à mes découvertes de l'année. Pour une fois, je m'attardais pour les comprendre au lieu de les condamner. Elles m'ont fait peur, elles m'ont coupé la respiration et parfois les jambes.

Aujourd'hui, je peux me le dire, il n'y avait pas de quoi se mettre dans cet état-là.

Créer ses rituels est une aventure personnelle qui commencera toujours par un coup de pied au cul. Comment savoir ce qui peut faire du bien en ne l'essayant qu'une seule fois? L'idée de la répétition me rebute a priori, mais je capitule pour bénéficier de ce qui me fait du bien et me soutient. Comme lorsque j'accepte d'aimer pour longtemps.

Il est là, le gros changement de l'année. Dans les résolutions auxquelles je me suis tenue pour me rapprocher d'un pas de plus du centre de ce qui m'aide à naviguer de façon plus positive. Ma légèreté apparente s'approfondit sans se ternir en prenant la peine d'exprimer ma gratitude, de courir dans la rue, d'écrire dans un journal, de ranger, de cuisiner, de recevoir, de voisiner, d'aimer, de savourer, de décomposer, de dormir, de toucher, de comprendre ce qui peut l'être et d'apprendre à apprivoiser le petit vélo dans la tête qui ne cesse de commenter tout ce qui se passe en moi.

7
Aimer son maintenant

« *Chante, danse, passe-toi du fil dentaire et voyage !* »

Lululemon

Hier soir, au lit, j'ai écrit dans mon carnet de kifs les trois entrées suivantes :
- être maman depuis vingt ans
- commencer le dernier chapitre demain matin
- me coucher dans cette maison

— Ce matin, au réveil, je ne médite pas et je ne vais pas courir. J'attends qu'Arthur se lève pour lui dire tout mon amour. Si ça ne tenait qu'à moi, je l'aurais déjà réveillé trois fois. Il y a vingt ans, à la même heure, je partais le mettre au monde. Les matins où on passe la porte avec un bébé dans son ventre pour aller découvrir sa peau, son visage et son odeur ne s'oublient pas. Je kife d'être un mammifère, car cette expérience-là dépasse toutes les sensations extravagantes que j'ai su saisir jusqu'à présent. Voilà bien un exemple de destination qui ne s'atteint jamais, c'est un voyage sans fin d'aimer ses enfants, on s'y enfonce en rendant visite à toutes les couleurs du monde.

— Écrire le dernier morceau de mon aventure est un camouflet mérité contre mon pessimisme. J'atteins le haut du muret et j'aperçois mon sac dans la prairie. Grimper fait parfois moins peur que sauter pour redescendre, car tant qu'on n'a pas atteint le sommet, on sait encore vers quoi on marche. Sauter, c'est accepter que cette phase-là se termine sans savoir quel sera l'atterrissage. Je réalise à quel point j'ai vraiment vraiment aimé revisiter tout ce que j'ai appris ici. Mais mon bateau est à quai pour ce voyage-là. Je vais glisser ces pages dans ma besace et les remettre à Hélène, l'éditrice qui m'a fait confiance. Je sais qu'elle les attend.

– Être bien chez moi, c'est être à ma place. Dans ma base. J'y suis abritée, j'y suis stimulée et j'y stocke mon équipement d'exploration. C'est-à-dire ma carcasse. Ce n'est pas l'endroit qui est exceptionnel, il ne le serait peut-être pas pour vous, mais le regard que je pose sur lui lui donne toute son importance. Mon cerveau a eu la politesse, au bout d'un an, de ne pas encore considérer que tout ici est banal et normal. Non, non, non, je trouve tout ici parfaitement formidable. Les sensations positives nous rendent, vous et moi plus créatifs. Et c'est lorsque je crée que je me sens vivante.

Ma nature, en un an, n'a probablement pas changé, mais ma vigilance est mieux canalisée. J'ai appris à préférer me mettre au travail plutôt que me distraire si je veux me sentir bien. Faire la cuisine en fait partie. Créer, créer, créer, est ce dont j'ai besoin pour éprouver les instants de flux pendant lesquels je ne me juge plus.

Je me reprends aussi lorsqu'une contrariété se transforme en catastrophe. L'optimisme reste ce qu'il m'est le plus difficile à embrasser sans réfléchir.

Le mot que j'ai préféré revisiter est « rumination ». Ma nature se cramponne à ses griefs. Mais je n'en ai JAMAIS éprouvé aucune satisfaction et désormais j'écris dans mon journal pour me défaire de ce qui me colle aux doigts. Attention, ça n'est pas magique, mais c'est un plan conscient qui redirige mon énergie et me permet d'avancer malgré tout.

Je continue, si besoin, à aller me décoincer la tête au cinéma. Les gens qui s'amusent ont vingt fois plus de chances de se sentir heureux. Comme je n'aime pas jouer, il me reste à compter sur l'humour et la dérision comme démultiplicateurs de bonheur.

On peut choisir ce que l'on fait, mais on ne peut pas choisir ce que l'on aime faire. J'aimerais souvent être différente, plus cool, plus intéressée par la musique ou par la précision. J'aimerais être de ceux qui aiment aller au théâtre, qui savent compter, se souvenir des noms et se sentir à l'aise en société. J'aime croire que toutes les possibilités du monde me sont offertes, mais en réalité je n'ai pas envie d'autant de choix. J'ai surtout besoin de faire ce qui me plaît déjà, sans me travestir, de retourner chaque année sur mon lieu de vacances inouï pour voir de combien le figuier a poussé plutôt que de courir la planète. Et je savoure la puissance d'une œuvre d'art même si je ne me souviens pas du nom de son auteur.

Je kiffe de savoir kiffer ce que je kiffe plutôt que ce que j'aimerais kiffer et de faire la différence entre les deux.

Je suis heureuse de conclure cette année, car toute mon énergie s'est engouffrée dans le tunnel de mes recherches. Les livres lus, les approches testées, les conférences visionnées. Un mois avant le point final, j'ai ouvert une nouvelle liste rassemblant ce que j'aimerais explorer dans d'autres domaines que celui du bonheur. Je rebranche mon radar pour collecter les sujets, les lieux à visiter, les gens à revoir aussi. Cela me facilitera la moisson pour me rouvrir aux possibilités qui alimentent ma curiosité. Le faire plus tôt aurait broyé ma faible capacité de concentration.

Être heureux et se comporter comme quelqu'un d'heureux est un vrai défi. Ça demande de la résolution. Cela suppose de faire preuve d'humilité, d'innocence, d'émerveillement et d'enthousiasme. Il est, par chez nous, beaucoup plus « stylé » d'afficher son détachement et son ironie.

Certaines personnes n'ont pas envie d'être heureuses, ou tout du moins ne souhaitent pas en avoir l'air. Le paradoxe est, alors, que grogner et se lamenter les comblent. Ça compte autant à leur bonheur que mes efforts pour capturer la légèreté de la vie. D'autres ne consacreront pas d'effort supplémentaire à être plus heureux. Cela demande une rigueur et une discipline qu'ils n'investiront pas. C'est facile d'être lourd, beaucoup moins d'être léger. L'inconvénient est que nos émotions sont contagieuses et affectent le moral de notre entourage.

Il est plus facile de se plaindre que de faire des blagues, de crier que de rire, de critiquer que d'être satisfait et d'éviter que de ritualiser. Barbara Frederickson rappelle que la vie est un mouvement permanent. Le bonheur statique n'existe que sur les photos puisque tous les paramètres changent aussi vite que nos cellules. Il n'y a que deux directions possibles. La première, positive, ne s'attrape pas à pleines mains, mais se frôle et se goûte. Puis il y a un seuil de positivité en deçà duquel nous sommes aspirés vers le bas. Prisonnier alors de notre point de vue négatif, il nous empêche de rejoindre la surface. Une trajectoire positive s'alimente par la bonté, la création et la résilience et la négative ne fait que consolider nos mauvaises habitudes stagnantes et rigides.

Le bonheur est un processus, ce n'est pas un endroit que l'on atteint, ça ne se poursuit pas et ça ne se trouve même pas. Ce n'est même pas un état plaisant favorisé par des circonstances de vies favorables. C'est l'expérience de toutes les conditions que nous traversons dès lors que nous veillons à en extraire du bon et du sens.

L'un des meilleurs moyens de se rendre heureux est, à l'unanimité, de rendre les autres heureux. Et apporter du bonheur aux autres commence par en éprouver soi-même. Ceux qui s'épanouissent se comparent à un fruit mûr dont le bonheur n'est que la moitié de leur qualité. En plus de se sentir bien, ils font du bien. Ils se sentent engagés dans leurs relations, leur famille, leur travail et leur environnement. Ils sont animés par une raison d'être, donnent du sens à leurs journées et à leur vie sans avoir besoin de se lancer dans des actions grandioses.

Le bonheur n'est pas un condiment mais un véritable aliment dès lorsqu'on sait cuisiner celui qui nous convient.

12 conseils
de la psychologie positive

« Vivre l'instant présent pourrait être le sens de la vie. »

Kat

1. Choisir ses questions

Ce sont celles que nous posons qui définissent notre réalité et notre destination.

Suis-je à la recherche de ce qui cloche ou de ce qui va bien dans ma vie, mes relations et mes projets ? À toujours penser à ce qui peut être amélioré, on se prive de ce sur quoi on peut déjà construire ou compter. À vouloir changer sa vie, son job, son amour ou sa crémière, on ne regarde plus ce qui marche, puis, de tout cela, ce qui marche le mieux pour l'appliquer dans les autres secteurs de sa vie.

2. Croire en soi et croire aux autres

- Ce que je crois sur moi crée mon destin. Les élèves qui réussissent se font confiance et posent des questions. Utiliser son imagination pour se voir comme on désire permet ensuite de lancer son sac par-dessus le mur. Enclencher, essayer et faire face nous montre notre propre courage.

- Ne pas minimiser ses succès et ne pas amplifier ses échecs.

3. Apprendre à échouer ou échouer à apprendre

C'est la phrase préférée de Tal Ben-Shahar. Pour augmenter son taux de succès, il faut doubler la quantité de ses échecs. C'est se relever qui apprend à marcher. On ne s'habitue pas à tomber. Donc on en tire une leçon à chaque fois. Il n'y a pas d'autre secret pour grandir et s'épanouir.

4. Se donner la permission d'être humain

Accepter de ressentir le bon et le moins bien. Si on cherche à limiter les émotions négatives, c'est notre capacité de perception que l'on ampute. Laisser vivre ses émotions revient à accepter la pesanteur. On vit finalement très bien avec.

5. Se confier

À son journal intime ou à quelqu'un. Cela permet d'être vrai. Une vie d'intégrité rend heureux. Et s'il faut se forcer à se sentir mieux pour se sentir bien, ça n'est pas une trahison de soi, c'est un geste sain et malin.

6. Déceler les bénéfices

De tout et pour tout. Il y a des trésors de bonheur partout et surtout ici. Ritualiser la gratitude. C'est concret, efficace et gratifiant. Être réaliste, mais positif.

7. Simplifier

Afin de se rapprocher de l'expérience optimale. Pour avoir le temps de profiter, le moins est l'ami du mieux.

8. Cultiver ses relations

Le premier indicateur du potentiel de bonheur de quelqu'un est une relation proche et intime. Des instants de qualité avec ceux qu'on aime sont le carburant le plus durable qui soit.

9. Ne pas oublier son corps

Travailler avec notre nature, pas contre elle. De l'exercice, du sommeil et de la tendresse pour tous.

10. Être différent

Et se faire connaître. S'exprimer demande du courage. Être comme on est est ce qui sonne le plus juste. Toujours.

11. Introduire les changements que l'on souhaite

Ritualiser dès tout de suite. Sortir de sa zone de confort, augmenter ses capacités, étirer ses compétences.

12. Aimer son maintenant

En montant sur un marchepied pour varier la vue qu'on en a. Écouter pour apprendre, apprendre pour avancer, avancer vers soi, pour se rapprocher des autres. Partager son bonheur ne le diminue jamais.

Respirez profondément et prenez soin de vous.
Du fond de mon cœur, je vous remercie d'être passé par ici.

Épilogue

« Ce qui compte le moins ne doit jamais prendre le pas sur ce qui compte le plus. »

Bernard Saulnier

Le brocanteur a livré la bibliothèque, marquée par ses aventures climatiques, mais tout à fait unique. Elle s'entend très bien avec mes livres.

Mon bracelet « merci » s'est cassé de nouveau et je l'ai réparé, de nouveau. Je ne suis pas encore prête à le quitter. C'est sa façon à lui de me rappeler sa présence et de ne pas oublier de compter mes kifs.

L'été se termine. En attendant l'hiver, nous avons fixé la date pour cuisiner les mercis et célébrer le bon.

J'interviens désormais dans une émission de télévision de… cuisine. C'était inimaginable il y a un an. J'y parle de développement durable aux fourneaux, du bonheur dans les vitamines, et du bien-être autour de l'alimentation. J'appuie de nouveau sur tous les boutons de mes vertus, y compris celle du trac. Je réunis dans ce travail toutes mes passions.

J'ai vraiment beaucoup de chance.

Gratitude

« *Faites une chose par jour qui vous fait peur.* »

Eleanor Roosevelt

Depuis le début de cette aventure, mes kifs sont :
- Les encouragements optimistes et incessants d'Alex, mon mari et meilleur supporteur, rempart joyeux contre ma procrastination et mon pessimisme.
- Le soutien enthousiaste et l'appétit d'Arthur, Pénélope et Léon, qui aiment toujours savoir ce qu'il y aura à dîner ce soir.
- Les coups de règles généreux qu'Anne Ducroq sait me donner pour activer ma faible persévérance.
- L'asile, l'amour, le cadrage et les initiations où m'entraîne ma sœur Camille en Californie.
- Le charme de Tal Ben-Shahar qui a si bien piqué ma curiosité et sustenté ma joie d'apprendre.
- Les célébrations non violentes d'Isabelle Desplats, David Servan-Schreiber, Laurence Vétu, Élisabeth Carre et Christophe Depierre dans nos tentatives partagées pour devenir plus authentiques et exprimés.
- La patience inaltérable de Fanny Dalbera qui a écouté chacune de ces histoires et expériences tellement de fois déjà.

- L'appui de Laurent Chalumeau et Arielle Saracco, voisins inconditionnels, guides et pourvoyeurs de zestes multiples.
- L'expérience méditative de ma sœur Pascaline, partagée de si bon cœur pour de si bons matins.
- L'écoute confidentielle de Ciche qui me permet de me rapprocher de qui je suis en vrai.
- La chaleur des mains de Christine Salvador qui me répare lorsque je cale.
- Les sauvetages informatiques de Stéphane Brière quand je facetime mes SOS.
- La pression d'être née parmi les miens pour ne gâcher aucune occasion de raconter ce qui mérite d'être vécu ou tenté.
- Les sculptures capillaires que Lamia invente pour me mettre d'humeur solaire.
- L'anglais et la curiosité que mes parents m'ont appris à parler couramment, nécessaires et salutaires dans cette enquête.
- L'huile d'olive et les colonies de Saint-Pierre-de-Mezoargues qui propagent le plaisir dans mon assiette et ma portée.
- La précision linguistique d'Élisabeth Boyer qui m'a permis de coudre les ourlets qui manquaient à ce récit.
- La confiance d'Helène Gédouin et le goût de Laure Faucon chez Marabout, qui transforment le travail en complicité créative.

- La générosité de Geraldine Karolyi, dont le talent me donne à lui seul envie de créer le prochain coup qui nous reliera.
- Les pinceaux et le sourire de Stéphanie Lacarrère, qui me font monter le rose aux joues dans les moments qui comptent.
- Le paracétamol qui contient mes migraines.
- L'insonorisation des murs de notre immeuble ancien.
- L'amitié stimulante de mon cercle de bienveillance.
- L'amour et ses rebondissements qui m'attachent à la vie, me donnent envie d'écrire, de comprendre et m'inspirent à creuser mon bonheur.

Pour tout cela, comme dirait mon ami Larry, j'ai trouvé le mot que je cherchais : merci !

Ressources,
tests et médailles

Tests et évaluations

– Centre de tests et de profils psychologiques développés par l'équipe de Marty Seligman, (en anglais) :
http://www.authentichappiness.sas.upenn.edu/questionnaires.aspx
Pour évaluer :
- son optimisme
- le niveau global de satisfaction de sa vie
- son style d'attachement amoureux
- sa tendance à soutenir, aider et comprendre les autres en amour
- son niveau de bonheur actuel
- sa capacité à entretenir son bonheur
- ses 24 forces de caractère
- ses 24 forces de caractères pour les enfants
- sa capacité à apprécier le passé
- sa capacité à pardonner, etc.

– Le projet de recherche scientifique organisé par le laboratoire de Daniel Gilbert « pour déterminer ce qui rend la vie digne d'être vécue » (en anglais) :
www.trackyourhappiness.org
Ce programme consiste à répondre à des questions que l'on reçoit de façon aléatoire par e-mail au cours d'une période de deux semaines.

– Les valeurs en action pour définir ses forces de caractère et vertus :
http://www.viacharacter.org/SURVEYS/SurveyCenter.aspx
Ce site propose une version française de l'évaluation des 24 forces de caractères. Commencer par s'y inscrire. Le menu accessible en français est proposé par la suite.

– Pour partager ses objectifs et encourager ceux des autres (en anglais) :
http://www.43things.com

Applications iPhone d'Apple sur l'appstore d'iTunes

– Live Happy : un programme de psychologie positive pour booster son bonheur, créé par Sonja Lyubomirsky (en anglais)
http://www.signalpatterns.com/iphone/livehappy_std.html
Programme interactif pour savourer, se dépasser, explorer, remercier et optimiser son optimisme. Possibilité de poser des questions à sa conceptrice.

– Zen Timer, minuteur de méditation (menu en anglais)
Nombreux choix de sons de gongs, de durée et d'intervalles possibles pour ponctuer et encadrer un moment de méditation.

– Stress Free par Deepack Chopra (en anglais)
Exercices multimédias pour vivre le présent : méditations, musiques, questionnements, vidéos.

– Breathing Zone : relaxation par la respiration
Rosace multicolore à suivre des yeux en inspirant et expirant. Possibilité de choisir le tempo.

Lectures

Tal Ben Shahar
L'Apprentissage de l'imperfection, Belfond, 2010.
Apprendre à être heureux. Cahier d'exercices et de recettes, Belfond, 2010.
L'Apprentissage du bonheur. Principes, préceptes et rituels pour être heureux, Belfond, 2008

Sonja Lyubomirsky
Comment être heureux et le rester, Flammarion 2008.

Martin Seligman
Authentic Happiness : Using the New Positive Psychology to Realize Your Potential for Lasting Fullfilment, Free Press, 2002.
La Force de l'optimisme. Apprendre à faire confiance à la vie, Interéditions, 2008.

Mihali Csikszentmihalyi
Vivre. La psychologie du bonheur, Robert Laffont, 2004.
La Créativité. Psychologie de la découverte et de l'invention, Robert Laffont, 2006.
Robert Emmons
Merci ! Quand la gratitude change nos vies, Belfond, 2008.
Mais aussi…
Introduction à la psychologie positive, sous la direction de Jacques Lecomte, Dunod, 2009.
Caroline Adams Miller et Dr Michael Frisch, *Creating Your Best Life : The Ultimate Life List Guide*, Sterling, 2009.
Ellen Langer, *Counter Clockwise : Mindful Health and the Power of Possibility*, Balantine Books, 2009.
Gretchen Rubin, *The Happiness Project : Or Why I Spent a Year Trying to Sing in the Morning, Clean my Closets, Fight Right, Read Aristote and Generally Have More Fun*, Harper Collins, 2010.

Médaille

Ma petite médaille gravée « Merci » se trouve chez Merci, 111, bd Beaumarchais, 75003 Paris, métro Saint Sébastien-Froissart (ligne 8). Elle coûte 3€.

Florence Servan-Schreiber

Formée à la psychologie humaniste et au développement durable en Californie, Florence Servan-Schreiber a exercé les métiers de formatrice, conférencière, chroniqueuse sur ces sujets. Elle a fondé une école de couture d'ameublement pour connecter ses élèves à leur créativité, puis a dirigé les innovations numérique du groupe Psychologies Magazine en créant ses sites Internet consacrés à la connaissance de soi. Désormais journaliste et maman de trois enfants presque grands, elle partage son temps entre une chronique « bien-être et développement durable » sur Cuisine TV, l'éveil aux *3 kifs par jour* et l'expérimentation de nouvelles pratiques et techniques pour se faire du bien.

Table des matières

Le cours a commencé il y a 30 minutes 13

1. Apprendre à jouer avec ses cartes 21

Nous sommes inégaux face au bonheur 26
    Couper le fromage en trois morceaux 28

Les idées fausses sur le bonheur 31
    C'est ce qu'on attend qui va nous rendre heureux 31
    C'est tout à l'heure qu'on pourra être heureux 33
    C'est quand on s'ra riche qu'on s'ra enfin heureux 34
    C'est quand tout va qu'on est heureux 36

Mesurer son bonheur 41

Le bonheur, ça conserve 44

C'est quoi, finalement, être heureux ? *46*

Évaluer son bonheur *48*

2. Choisir ses lunettes 51

Nous sommes des animaux
d'imitation et d'adaptation *54*
    S'adapter pour survivre 56
    Choisir son point de vue 57

Je m'ouvre aux bénéfices *60*

La spirale du positif *64*

Se faire confiance *68*

Devenir optimiste *76*
    Connaître son optimisme 77
    Optimiser son optimisme 84
    Apprendre à tomber 89
    L'optimisme réaliste pour survivre 91

3. Connaître sa monture 99

Rencontrer sa vocation *103*

Apprendre à profiter du voyage *107*
    Se fixer des objectifs 110

Tous les objectifs se valent-ils?...................114
Lancer son sac par-dessus le mur 116

Filtrer ses objectifs *119*
Utiliser ses compétences............................122

Les 24 forces de caractère *126*
Apprendre à se servir de ses qualités 127
Capitaliser sur ses qualités.........................130

Forces de caractère et vertus............... *137*

Être imparfait................................... *139*

4. Partager trois kifs par jour 147

C'est quoi, un kif? *150*
Un kif, comment ça marche 154

Les plaisirs *155*
Accentuer le plaisir....................................156

Les moments de grâce *160*

Remercier... *167*
La gratitude est une attitude 168

Se muscler *172*
Le journal de gratitude..............................172

La visite de gratitude...175

Les déclencheurs de kifs... 179
　　Cuisiner les mercis 180

5. Se connecter..183

Le principe de la lasagne 187

Les amis 190
　　Les amis virtuels..193
　　S'inspirer des victoires des autres................................195

Avec sa famille.. 197

En couple.. 200
　　L'amour romantique... 202
　　Perles de culture et agenda 204
　　Se connaître et se faire connaître 207
　　Savoir se disputer 211
　　Être reconnu plutôt que validé 214
　　Les revendications inconscientes................................214
　　Travailler sa relation 216
　　Quelques différences
　　entre les femmes et les hommes 219
　　S'admirer 220

En groupe.. 222
　　Tantra..224

5. Inventer ses rituels 227

Changer est possible *230*
- Profiter des traumatismes positifs..............................232
- Simuler pour se transformer.....................................233
- Le bénéfice des rituels..235

Écrire son journal *237*
- Écrire pour avancer..239

Se dépenser trois fois par semaine *242*
- Bouger aide à lutter contre la dépression................... 243
- Se dépenser aiderait à retrouver la mémoire..............244
- S'y mettre..245

Manger un raisin sec...*249*
- La pleine conscience..250
- La bienveillance...251
- La méditation de gratitude..252
- Respirer..253
- Prendre un cours de yoga...254

Récupérer *257*

Se toucher *261*

Ranger...*263*

Savoir s'entourer...*268*

    Jouer avec les mots 273

Faire une seule chose à la fois *275*

Prendre son temps..*278*

Piquer sa curiosité..*280*

Dépenser son argent autrement *282*

Se récompenser..*284*

Ne plus procrastiner *286*

7. Aimer son maintenant......................291

12 conseils de la psychologie positive ...299
    1. Choisir ses questions 301
    2. Croire en soi et croire aux autres............................301
    3. Apprendre à échouer ou échouer à apprendre........302
    4. Se donner la permission d'être humain 302
    5. Se confier..302
    6. Déceler les bénéfices...302
    7. Simplifier..303
    8. Cultiver ses relations..303
    9. Ne pas oublier son corps.......................................303
    10. Être différent 303
    11. Introduire les changements que l'on souhaite 303
    12. Aimer son maintenant...304

Épilogue..305

Gratitude 309

Ressources, tests et médailles................315
Tests et évaluations..316
Applications iPhone d'Apple sur l'appstore d'iTunes 317
Lectures...318
Médaille 319

Carnet de kifs

1. ....
2. ....
3. ....

1. ....
2. ....
3. ....

1. ....
2. ....
3. ....

1. ....
2. ....
3. ....

1. ....
2. ....
3. ....

1. ....
2. ....
3. ....

Carnet de kifs

1. ....
2. ....
3. ....

1. ....
2. ....
3. ....

1. ....
2. ....
3. ....

1. ....
2. ....
3. ....

1. ....
2. ....
3. ....

1. ....
2. ....
3. ....

1. ...
2. ...
3. ...

1. ...
2. ...
3. ...

1. ...
2. ...
3. ...

1. ...
2. ...
3. ...

1. ...
2. ...
3. ...

1. ...
2. ...
3. ...

Carnet de kifs

1. ......
2. ......
3. ......

1. ......
2. ......
3. ......

1. ......
2. ......
3. ......

1. ......
2. ......
3. ......

1. ......
2. ......
3. ......

1. ......
2. ......
3. ......

1. ....
2. ....
3. ....

1. ....
2. ....
3. ....

1. ....
2. ....
3. ....

1. ....
2. ....
3. ....

1. ....
2. ....
3. ....

1. ....
2. ....
3. ....

Carnet de kifs

1. ...
2. ...
3. ...

1. ...
2. ...
3. ...

1. ...
2. ...
3. ...

1. ...
2. ...
3. ...

1. ...
2. ...
3. ...

1. ...
2. ...
3. ...

3 kifs par jour

1. ....
2. ....
3. ....

1. ....
2. ....
3. ....

1. ....
2. ....
3. ....

1. ....
2. ....
3. ....

1. ....
2. ....
3. ....

1. ....
2. ....
3. ....

Carnet de kifs

1. ....
2. ....
3. ....

1. ....
2. ....
3. ....

1. ....
2. ....
3. ....

1. ....
2. ....
3. ....

1. ....
2. ....
3. ....

1. ....
2. ....
3. ....

1. ...
2. ...
3. ...

1. ...
2. ...
3. ...

1. ...
2. ...
3. ...

1. ...
2. ...
3. ...

1. ...
2. ...
3. ...

1. ...
2. ...
3. ...

Carnet de kifs

1. ...
2. ...
3. ...

1. ...
2. ...
3. ...

1. ...
2. ...
3. ...

1. ...
2. ...
3. ...

1. ...
2. ...
3. ...

1. ...
2. ...
3. ...

1. ...
2. ...
3. ...

1. ...
2. ...
3. ...

1. ...
2. ...
3. ...

1. ...
2. ...
3. ...

1. ...
2. ...
3. ...

1. ...
2. ...
3. ...

Carnet de kifs

1. ....
2. ....
3. ....

1. ....
2. ....
3. ....

1. ....
2. ....
3. ....

1. ....
2. ....
3. ....

1. ....
2. ....
3. ....

1. ....
2. ....
3. ....

1. ....
2. ....
3. ....

1. ....
2. ....
3. ....

1. ....
2. ....
3. ....

1. ....
2. ....
3. ....

1. ....
2. ....
3. ....

1. ....
2. ....
3. ....

Carnet de kifs

1. ....
2. ....
3. ....

1. ....
2. ....
3. ....

1. ....
2. ....
3. ....

1. ....
2. ....
3. ....

1. ....
2. ....
3. ....

1. ....
2. ....
3. ....

1. ....
2. ....
3. ....

1. ....
2. ....
3. ....

1. ....
2. ....
3. ....

1. ....
2. ....
3. ....

1. ....
2. ....
3. ....

1. ....
2. ....
3. ....

Carnet de kifs

1. ....
2. ....
3. ....

1. ....
2. ....
3. ....

1. ....
2. ....
3. ....

1. ....
2. ....
3. ....

1. ....
2. ....
3. ....

1. ....
2. ....
3. ....

1. ...
2. ...
3. ...

1. ...
2. ...
3. ...

1. ...
2. ...
3. ...

1. ...
2. ...
3. ...

1. ...
2. ...
3. ...

1. ...
2. ...
3. ...

Carnet de kifs

1. ....
2. ....
3. ....

1. ....
2. ....
3. ....

1. ....
2. ....
3. ....

1. ....
2. ....
3. ....

1. ....
2. ....
3. ....

1. ....
2. ....
3. ....